AF511130

Bärbel Höfflin-Rock

WILD-KRÄUTER-KÜCHE

Kräuterfrauen verraten ihre Lieblingsrezepte

ulmer

INHALTSVERZEICHNIS

Wildkräuter – Die Basics

Rezepte

Service

WILDKRÄUTER – DIE BASICS

Schon immer waren Wildkräuter ein wichtiger Bestandteil in der Küche. Heute gewinnen sie wieder zunehmend an Bedeutung als kulinarische Leckerbissen, denn ihre Aromen sind unvergleichlich intensiv und vielfältig. Fast das ganze Jahr über können wir sie frisch im Garten oder auf einem Spaziergang in Feld und Flur ernten.

ES GIBT SIE ÜBERALL

Für viele sind Wildkräuter „grünes Zeug“, das auf Wiesen, in Auen, an Böschungen, im Weinberg, am Wegesrand oder im Garten zwischen den Blumen und auf dem Gemüsebeet wuchert. Es begleitet uns auf Schritt und Tritt, ein Leben lang. Meist geht man achtlos daran vorbei. Vielleicht freut man sich sogar an den schönen Blüten. Doch kaum jemand kennt die Namen der Pflanzen, geschweige denn ihre heilende Wirkung, oder weiß, dass man sie essen kann. Manchen von uns sind die Wildkräuter mit ihrem Duft und Geschmack noch aus der Kindheit in Erinnerung. Beim Spielen im Garten pflückten wir schon als Kinder Gänseblümchen, banden Kränze oder probierten in der Puppenküche aus, wie lecker die Blüten schmecken. Im Kräuterbeet pflückten

wir Melisse und Pfefferminze und die Mutter kochte anschließend einen leckeren Tee daraus.

Wildkräuter kann man das ganze Jahr über finden. Im Frühling schweben beispielsweise die leicht violett schimmernden Blüten des Wiesenschaumkrauts wie Feen über dem Gras. Wir zupfen diese Blüten und sammeln junge Blättchen der Knoblauchsrauke, schneiden sie klein und mischen Sie unter den frischen Quark – lecker. Traditionell gibt es an Gründonnerstag Spiegelei mit Wildkräutergemüse aus Brennnesselblättchen und Giersch. Den essen wir lieber auf, als ihn im Sommer mühselig auszurupfen – aus dem Garten vertreiben lässt er sich sowieso nicht. Im Beet mit dem Feldsalat wuchert die Vogelmiere, die wir mit anderen „Unkräutern" in einer Quiche verarbeiten, und bei einer Maiwanderung nehmen wir ein paar Blätter vom intensiv riechenden Bärlauch für unsere Kräuterbutter mit.

Quendel und Wilder Majoran duften besonders im Sommer. Um damit später unsere Suppe zu würzen, pflücken wir ein paar Zweige. Auf dem Heimweg vom Feld nimmt Oma noch ein paar Hände voll Wiesenbärenklau für die Hasen mit. Manchmal bereitet sie aber auch ein leckeres Mittagessen daraus. Zum Dessert gibt es eine mit Steinklee aromatisierte Quarkcreme und eine Fruchtkaltschale aus Früchten der Saison wie Brombeeren, Walderdbeeren oder Heidelbeeren – ein Traum.

Die Natur ist reich an wertvollen Wildpflanzen.

WILDPFLANZEN FRÜHER UND HEUTE

Schon immer nutzten die Menschen Wildkräuter. Sie wurden für die Ernährung gesammelt und waren in früheren Zeiten oft die einzigen Heilmittel, die zur Verfügung standen. Bei kräuterkundigen Frauen konzentrierte sich das Wissen über die Anwendung der Pflanzen und auch über ihre gefährliche Wirkung. Diese Frauen hatten einen engen Bezug zur Natur und nutzten dieses Wissen für sich und andere. In den ländlichen Familien wurde dieses alte

Ernten Sie immer mit Bedacht, denn die Pflanze soll im nächsten Jahr wieder wachsen und blühen.

Wissen schon immer angewendet und von der Mutter auf die Tochter weitergegeben. Wildkräuter und Gartenkräuter wurden beispielsweise zu Kräuterbüscheln gebunden, an Mariä Himmelfahrt in der Kirche geweiht und zum Trocknen auf dem Dachboden aufgehängt. Diese Kräuter wurden in der Küche, aber vor allem auch in der Volksheilkunde verwendet. Manches ist mit Einzug der modernen Medizin in Vergessenheit geraten, manches wurde aber auch bis heute bewahrt.

Derzeit finden Wildpflanzen wieder zunehmend mehr Beachtung und gelangen bis in die Küchen der Spitzenköche. Dies ist auf die Fülle der Aromen und Geschmacksstoffe zurückzuführen, die uns die Wildkräuter liefern. Im Gegensatz zum „Einheitsgeschmack“ bei Kulturpflanzen bieten uns diese wilden Kräuter eine Vielfalt an neu zu entdeckenden kulinarischen Genüssen. Aber nicht nur Gourmetköche, sondern viele Bäuerinnen, Winzerinnen und Kräuterliebhaber nutzen die wilden Pflanzen am heimischen Herd. Für Vorspeisen und Snacks, für Salate und Beilagen, für Hauptspeisen und Desserts werden die gesunden und dekorativen Zutaten aus dem wilden Garten als Grundlage oder Beigabe verarbeitet.

MIT VEREINTEN KRÄFTEN

Im Verein Bauerngarten- und Wildkräuterland Baden haben viele Kräuterpädagoginnen, Kräuterexpertinnen und Kräuterliebhaber zusammengefunden. Sie interessieren sich für Kräuter und Wildpflanzen und wollen ihren Wissens- und Erfahrungsschatz im Verein erweitern, austauschen und weitergeben. Viele kennen noch alte Rezepte und kochen in der heimischen Küche damit. Manche geben ihr Wissen auch bei Kräuterführungen, in Wildkräuterseminaren, bei Wildkräuterkochkursen oder in Vorträgen mit Begeisterung weiter. Für das vorliegende Buch haben diese Wildkräuterfrauen ihre Lieblingsrezepte zusammengetragen. Es sind die Rezepte, die sie gerne kochen und die oft mit Traditionen und Erinnerungen in Verbindung stehen.

Schon das Sammeln der Pflanzen ist eine Wohltat!

Das „Sommermenü für Luise“ (S. 60) wurde von mir als Hommage an die „Luisen“ kreiert. Viele Frauen in meiner Familie hießen so. Meine Mutter, Großmütter und Urgroßmütter waren diejenigen, die ihr Wissen über Kräuter und vor allem ihre Liebe zur Natur von Generation zu Generation bis heute an mich weitergegeben haben. Sie sammelten Kräuter und verwendeten diese in der Küche und in der Hausapotheke für Mensch und Tier. Sie haben seit alters her für die Gesundheit der Familie gesorgt. Es war einfach selbstverständlich, dass es immer ein „Kräutlein“ für alle „Zipperlein“ gab. Ein Schatz, der mir lange nicht bewusst war. Diesen Schatz habe ich mit der Ausbildung zur Kräuterpädagogin wieder entdeckt und dieses Wissen gebe ich nun mit Freude weiter.

WAS SIND EIGENTLICH WILDKRÄUTER?

Unter Wildkräutern versteht man Pflanzen, die nicht kultiviert wurden. Sie gedeihen in der Nähe von Siedlungen, an Waldrändern, auf Wiesen, unter Hecken und am Wegesrand. In den Gärten und auf den Äckern sind viele dieser Pflanzen zu „Unkräutern“ geworden, denn als Konkurrenz zu den kultivierten Pflanzen sind sie nicht erwünscht. So können der Feldsalat und die Vogelmiere im Möhrenbeet zum Unkraut werden. Der Vorteil ist jedoch, dass man sie ohne Reue beim Unkrautjäten frisch ernten kann.
Viele Wildkräuter behaupten sich an speziellen Standorten gegen andere Pflanzen. So ist zu beobachten, dass Pflanzen im Garten

Frisch zubereitet entfalten sie ihr ganzes Potenzial: Franzosenkraut-Triebe mit Blättern und Blüten.

und rund ums Haus immer wieder an der gleichen Stelle wachsen. Trotz Einsäen anderer Arten oder wiederholtem Entfernen des „Unkrauts“ taucht es immer wieder auf. Lässt man einfach alles wachsen, setzt sich die ursprüngliche Pflanzengemeinschaft in der Regel wieder durch.

Aufgrund des Konkurrenzkampfes weisen Wildpflanzen oft eine höhere Konzentration an bestimmten Inhaltsstoffen auf als Kulturpflanzen. So haben die Brennnessel und die Melde ein Vielfaches mehr an Provitamin A als viele Kohlarten. Die Werte für Eisen, Kalzium und Kalium sind beim Franzosenkraut höher als bei vielen Kulturpflanzen und der Vitamin-C-Gehalt im Löwenzahn übertrifft jeden Kopfsalat oder Lolo rosso. Außerdem geben Bitterstoffe in Wildkräutern den Gerichten eine besondere Note. So ist ein Löwenzahnsalat – „Das frisst bei uns die Kuh“ – für viele gewöhnungsbedürftig. In warmem Wasser gewaschen, mit Essig und heißem Walnussöl aus dem Kaiserstuhl und mit ausgelassenem Schwarzwälder Speck zubereitet wird er zum kulinarischen Hochgenuss. Dieser Salat darf bei einem traditionellen Ostermenü nicht fehlen.

WILDKRÄUTER SAMMELN UND VERWENDEN

Möchten Sie Wildkräuter in der Küche oder Volksheilkunde verwenden, ist es von äußerster Wichtigkeit, dass Sie die Pflanze genau kennen. „Was der Bauer nicht kennt, das isst er nicht“ ist eine alte Lebensweisheit, die beim Verzehr von Pflanzen beherzigt werden sollte. Mit Hilfe von guten Bestimmungsbüchern und unter Anleitung von Kräuterkundigen können Sie sich in die faszinierende Welt der Wildpflanzen einarbeiten. Hierbei sollten Sie sich Zeit lassen und nach und nach einzelne Pflanzen in jedem Entwicklungsstadium kennenlernen. Am besten Sie beobachten im Garten oder auf dem Lieblingsspazierweg die Pflanzen das ganze Jahr über. Was beispielsweise im Frühling als winzige Rossette mit spitzen lanzettlichen Blättchen erscheint, entwickelt sich zu einer Pflanze mit 5–50 cm langen, spitzen, schmalen, blattstiellosen, parallelnervigen Blättern. Mit seinem typischen Blütenstand, einer walzförmigen, dichten Ähre, erkennt man eindeutig den Spitzwegerich.

Beim Sammeln sollten Verwechslungen mit anderen Pflanzen unbedingt vermieden werden, denn sie könnten giftig oder geschützt sein. Lassen Sie sich aber jetzt nicht abschrecken: Mit der Kenntnis von 30 bis 40 verschiedenen Pflanzen, die typisch und häufig in einer Region vorkommen, kann man bereits sehr viele Gerichte zubereiten.

Wildkräuter werden meist in der freien Natur, manchmal im Garten oder sogar im Blumentopf gesammelt. Wir finden sie auf Brachflächen, an Böschungen, an Wiesenrändern, Bachufern oder unter Hecken. Achten Sie darauf, dass Sie nicht in der Nähe von gespritzten Feldern, Obstplantagen oder Weinbergen sammeln. Auch Bäume auf idyllischen Streuobstwiesen können gespritzt sein. An Rändern von viel befahrenen Straßen und bevorzugten Spazierwegen von Hunden sollten Sie ebenfalls nicht sammeln. Will man oft Wildpflanzen verwenden, ist es empfehlenswert, im eigenen Garten oder in Töpfen eigene Refugien für sie zu schaffen und sie durch Einsäen oder Einpflanzen anzusiedeln.

Werden Kräuter in der Natur gepflückt, so ist darauf zu achten, dass der Lebensraum nicht zerstört wird und die Kräuterpopulation erhalten bleibt. Betreten Sie daher das Umfeld immer schonend. Und ganz wichtig: In Naturschutzgebieten und in Nutzwiesen darf nicht gesammelt werden. Ernten Sie vorsichtig nur einzelne Blätter, Blüten und Früchte. Oft wird gar nicht viel von einer Pflanzenart benötigt. Meist reichen nur ein paar Handvoll für ein leckeres Gericht. Damit die Pflanze möglichst wenig Schaden nimmt, schneiden Sie am besten mit einer Schere nur ein paar Teile ab. Auch die Wurzel soll unbeschadet bleiben, damit die Pflanze im nächsten Jahr am gleichen Standort wieder wachsen und blühen kann.

In einem Korb liegen Blüten trocken und luftig. Sie sollten nicht lange in Plastiktüten oder Dosen transportiert werden. Kräuter die frisch bleiben sollen, werden in ein feuchtes Tuch eingeschlagen und in verschließbare Gefäße gelegt.

Achten Sie bei Blüten vor dem Verwenden in der Küche darauf, dass sie frei von Ungeziefer sind. Breitet man die Blüten offen aus, verzieht sich manches Insekt schnell. Andere Pflanzenteile sollten vor dem Verzehr grundsätzlich gut gewaschen werden.

Sind die Wildkräuter gesammelt und vorbereitet, können sie zu leckeren Speisen verarbeitet werden – zum Beispiel in der Art, wie sie traditionell oder etwas abgeändert von Bäuerinnen und Kräuterfrauen aus dem Schwarzwald und dem Kaiserstuhl-Tuniberg in der heimischen Küche gekocht werden. Viel Spaß und Freude beim Zubereiten und Genießen!

VORSPEISEN UND SNACKS

Rezept von Marina Westermann

HÜTTENKÄSE MIT SPITZWEGERICH- UND BRENNNESSELSAMEN

Die beste Zeit, um Brennnesselsamen zu sammeln, ist im August und September. Tragen Sie dazu am besten Handschuhe, schneiden Sie die ganzen Fruchtstände ab und fangen Sie sie in einem Gefäß auf. Zu Hause streichen Sie die Brennnesselsamen dann durch ein Salatsieb. Dabei werden die Brennhaare zerstört, die einzelnen Samen lösen sich vom Stängel ab und werden von den Blattresten getrennt. Dies geht recht schnell und unkompliziert. Auf einem Tablett an einem luftigen Ort werden die Samen ca. 1 Woche gut getrocknet. Spitzwegerichsamen werden kurz nach der Blüte geerntet. Die noch grünen Samen dafür einfach von den Ähren abstreifen und an der Luft trocknen. In verschlossenen Gläsern aufbewahrt sind die Spitzwegerich- und Brennnesselsamen immer zur Hand.

Für ca. 4 Portionen

- 400 g Hüttenkäse
- 4 EL Sonnenblumenkerne
- 4 EL Spitzwegerichsamen
- 2 EL Brennnesselsamen
- 3–4 TL Leinöl
- Kräutersalz

- Den Hüttenkäse etwas abtropfen lassen. Anschließend mit Sonnenblumenkernen, Spitzwegerich- und Brennnesselsamen und dem Leinöl gut verrühren.
- Mit Kräutersalz abschmecken. Je nach Bedarf in Portionen anrichten.

Tipp ★

Dieser Hüttenkäse ist mit frischem Brot ein schnell zubereiteter Snack für Gäste.

WILDER KRÄUTERFRISCHKÄSE

Sammeln Sie auf einem Frühlingsspaziergang einfach am Wegesrand ein paar frische Kräuter und Blüten. Für einen Wildkräuterfrischkäse eignen sich z. B. Blüten von Rotklee, Goldnessel und Wiesenschaumkraut; Blätter von Sauerampfer, Spitzwegerich, Gundermann und Schafgarbe; Kraut von jungem Wiesenlabkraut, Wildem Majoran und Kleinem Wiesenknopf.

Für ca. 4 Portionen bzw. 500 g

- 2 l Milch (Kuh-, Schafs- oder Ziegenmilch, auch H-Milch)
- 1 große Zitrone
- 5 EL frische Wildkräuter der Saison (oder Gartenkräuter)
- Salz

- Die Milch aufkochen. Die Zitrone auspressen und den Saft vorsichtig unter die heiße Milch rühren, bis das Milcheiweiß ausflockt und sich festere Stückchen von einer klaren Flüssigkeit trennen. Die Masse abkühlen lassen.
- Ein Leintuch (oder saubere Mullwindel) in ein Sieb legen. Die Käsemasse hineingießen und abtropfen lassen. Vorsichtig die restliche Molke ausdrücken und vom Käse getrennt bereitstellen.
- Die frischen Kräuter waschen, trocken tupfen, fein hacken und unter den Frischkäse mischen. Mit Salz abschmecken.

Tipp ★

Um den Frischkäse cremiger zu machen, kann man nach Belieben wieder Molke hinzugeben. Er kann sofort genossen werden, aber einen Tag später sind die Kräuter etwas weicher und der Geschmack konnte sich mehr entfalten.

Rezept von Julia Teply-Szymanski

Rezept von Bernadette Bächle-Helde

KNOBLAUCHSRAUKE-TOMATEN-BUTTER

Die Knoblauchsrauke ist für viele eine Unbekannte. Nach dem Aussäen erscheinen im ersten Jahr zunächst nierenförmige Grundblätter und dann im zweiten Jahr nach oben hin zunehmend spitz zulaufende, herzförmige Stängelblätter, die Brennnesselblättern ähneln. Die weißen, vierblättrigen Blüten sind unscheinbar. Beim Zerreiben eines Blattes entsteht ein feines Aroma, das an Knoblauch und etwas an die Schärfe von Senf erinnert. Die Knoblauchsrauke findet man ab dem zeitigen Frühjahr fast überall und die frischen Blätter lassen sich wunderbar als Würzkraut und aufgrund ihrer Inhaltsstoffe gut für eine Frühjahrskur verwenden – wer die Knoblauchsrauke kennt, der liebt sie.

Für ca. 20 Portionen

- 150 g Butter
- 200 g frische Knoblauchsrauke (Blätter und Blüten)
- 100 g Tomatenmark
- 1 Knoblauchzehe
- Salz, Pfeffer

- Die Butter bei Zimmertemperatur weich werden lassen. Die Knoblauchsrauke waschen, trocken tupfen und grob klein schneiden.
- Butter, Knoblauchsrauke und Tomatenmark in einen Mixer geben und durchmixen. Die Zutaten können auch in einem hohen Gefäß mit dem Pürierstab vermengt werden.
- In kleine Schälchen abfüllen und erkalten lassen.

Tipp ★

Die Knoblauchsrauke-Tomaten-Butter schmeckt wunderbar zu frischem Brot oder auch zu Gegrilltem.

KRÄUTERTÖPFCHEN – EIN VEGETARISCHER BROTAUFSTRICH

Wilder Majoran (Dost, Oregano), Quendel und Schabzigerklee sind wundervolle Wildkräuter mit kräftigen Aromen. Der Beifuß wird gerne als Gewürzpflanze zu fetten und schweren Fleischgerichten benutzt. Seine Bitterstoffe wirken appetitanregend und unterstützen die Verdauung.

Für ca. 22 Portionen

- 200 g Bio-Kokosöl (manchmal als Kokosfett oder Kokosbutter bezeichnet)
- 60 ml Bio-Sonnenblumenöl
- ½ TL getrockneter Beifuß (Kraut)
- ½ TL getrockneter Wilder Majoran (Blätter)
- ½ TL getrockneter Quendel (Blätter)
- ½ TL getrockneter Schabzigerklee (Kraut)
- ½ EL Röstzwiebeln
- Kräutersalz
- Schwarzer Pfeffer
- Knoblauch nach Geschmack
- Chilipulver nach Geschmack

- Das bei Zimmertemperatur feste Kokosöl in einem Kochtopf so erwärmen, dass es schmilzt.
- In das geschmolzene Kokosöl das Sonnenblumenöl, die Gewürzkräuter und Röstzwiebeln geben. Mit Kräutersalz und anderen Gewürzen nach Bedarf abschmecken und die Masse erkalten lassen.
- Während dem Abkühlen mit dem Pürierstab immer wieder gut durchrühren, damit die Kräuter gleichmäßig in der Masse verteilt bleiben.

Tipp ★

Dieser Aufstrich schmeckt lecker auf einem kräftigen Bauernbrot. Mit seinen Aromen ist der vegetarische Brotaufstrich ein beliebter Ersatz für Griebenschmalz und kann auch als Bratfett verwendet werden. Beim Braten von Bratkartoffeln und Kochen von Sauerkraut gibt er den Gerichten eine besondere Note.

Rezept von Michaela Hagen

Rezept von Marina Westermann

LÖWENZAHN-KÜRBISKERN-QUARK-AUFSTRICH

Wer kennt ihn nicht, den Löwenzahn. Im Frühling erfreuen wir uns an den gelben Blütenteppichen auf den Wiesen und die Kinder lieben die Pusteblumen und beobachten, wie die kleinen Schirmchen in den Himmel fliegen. Aber Löwenzahn ist auch eines der bekanntesten Wildgemüse. Besonders beliebt sind Löwenzahnblätter zubereitet als Salat oder gedünstet wie Spinat. Die Blüten lassen sich wunderbar zu Sirup und Löwenzahnblütengelee verarbeiten.

Für ca. 4–8 Portionen

- 400 g Quark (20 % Fettanteil)
- 3 EL Milch
- 3 EL Kürbiskernöl
- 3 EL Löwenzahnsirup
- 1 Handvoll junge Löwenzahnblätter
- Kräutersalz
- Pfeffer
- 50 g gehackte Kürbiskerne

- Den Quark mit Milch, Kürbiskernöl und Löwenzahnsirup glatt rühren.
- Die Löwenzahnblätter waschen, trocken tupfen und fein schneiden. Anschließend unter die Quarkmasse unterheben. Mit Kräutersalz und Pfeffer abschmecken. Zum Schluss noch die gehackten Kürbiskerne unterrühren.

Tipp ★

Ein kerngesunder Brotaufstrich. Der Gehalt an Bitterstoffen im Löwenzahn ist je nach Alter der Pflanzen unterschiedlich und fördert die Verdauung.

Ein Löwenzahnmagenbitter aus Blüten, Blättern und Wurzeln vor oder nach dem Essen regt die Verdauung an.

VOGELMIERE-PESTO

Vogelmiere ist eine der ersten Pflanzen im Spätwinter oder zeitigen Frühjahr, wenn die Tage wieder länger werden. Sie enthält sehr viel Vitamin C und ist reich an Mineralstoffen – die ideale Pflanze nach langen Wintertagen. Das Kraut ist sehr zart und sollte vorsichtig gewaschen werden. Roh schmeckt die Vogelmiere gut in Salaten. Fein gehackt kann sie auch zum Schluss in eine Suppe gegeben werden. Probieren Sie einmal einen Tee aus frischer Vogelmiere.

Für 2–4 Portionen

100 g frische Vogelmieretriebe mit Blüten

20 g Walnusskerne

150 ml kaltgepresstes Walnussöl

Salz, Pfeffer

- Die Vogelmiere sorgfältig von Verunreinigungen befreien und waschen.
- Zusammen mit Walnusskernen und Walnussöl im Mixer zerkleinern. Mit Salz und Pfeffer abschmecken.

Tipp ★

Das Vogelmiere-Pesto kann auch auf Vorrat in Gläser abgefüllt werden, es sollte dann aber immer gut mit einer Schicht Öl bedeckt sein. Dann hält das Pesto einige Tage im Kühlschrank.

Es kann auch eingefroren werden, dann bleibt es besonders lange haltbar. Zum Einfrieren verwendet man am besten kleine Portionsbehälter, wie z. B. Eiswürfelschalen. So kann für jede Mahlzeit die passende Portion aufgetaut werden. Trotz des Gefrierens behält das Pesto auch nach dem Auftauen seine Farbe, seinen Geschmack und seine Konsistenz.

Rezept von Bernadette Bächle-Helde

Rezept von Ilse Link

ODENWÄLDER KOCHKÄSE MIT BÄRLAUCH

Traditionell wird im Odenwald Kochkäse hergestellt, der eine zähflüssige, streichfähige Konsistenz hat. Mit Bärlauch bekommt er eine besondere Note. Dieses leckere Rezept hat Ilse Link von ihrer Schwiegermutter aus dem Odenwald übernommen.

Für 4 Portionen

- 1 Bund Bärlauchblätter
- 50 g Butter
- 500 g trockener Magerquark oder Schichtkäse
- 1 TL Salz
- 1 TL Natron
- evtl. etwas Milch zum Verdünnen

- Kleine Schüsselchen, am besten mit Deckel, zum Anrichten bereitstellen.
- Den Bärlauch von Verunreinigungen befreien, waschen, trocken tupfen und in sehr feine Streifen schneiden. Die Butter bei Zimmertemperatur weich werden lassen.
- Quark mit Salz und Natron in einer größeren Metallschüssel gut vermengen und stehen lassen bis die Masse aufschäumt. Danach die Masse ca. 1 Stunde ruhen lassen.
- Butter und Bärlauchstreifen dazugeben und im Wasserbad (nicht über 42 °C erhitzen) unter Rühren schmelzen lassen, bis eine glatte Masse entsteht. Falls der Käse zu fest wird, kann etwas Milch dazugegeben werden.
- Den noch dickflüssigen Käse in die bereitgestellten Schüsselchen füllen. Nach dem Abkühlen den Kochkäse im Kühlschrank aufbewahren. Er hält sich mindestens 8–10 Tage.

Tipp ★

Der Kochkäse wird kräftiger, wenn Handkäse in kleinen Stücken dazugegeben wird. Es geht auch ohne Bärlauch und schmeckt himmlisch auf Brot mit Zwiebelringen und Paprikapulver.

SCHWARZWALD-OLIVEN

Die Schlehe ist auch als Heckendorn oder Schwarzdorn bekannt. Man findet den heimischen Strauch oft an Gebüschsäumen, Waldrändern und Wegrändern. Mit seinen frühen Blüten ist er eine wertvolle „Weide" für Insekten im Frühling. Zudem nisten viele Vögel gerne in diesem Gebüsch und nutzen die blauschwarzen Früchte als Nahrungsquelle. Erst nachdem die Früchte nach einem kräftigen Frost Zucker gebildet haben, schmecken sie auch uns. Daher sollten sie am besten erst nach ein paar frostigen Nächten geerntet oder vor der Verarbeitung in die Tiefkühltruhe gelegt werden.

Für ein Gefäß von ca. 2 l

- 0,5 l Rotwein
- 0,5 l Wasser
- 2 kleine Zweige Thymian (ggf. auch mit Blüten)
- 2 kleine Zweige Rosmarin (ggf. auch mit Blüten)
- 1 Lorbeerblatt
- 1 Nelke
- 200 g Salz
- 500 g Schlehen

- Rotwein und Wasser mit den Kräutern und Gewürzen und dem Salz aufkochen. Den Sud abkühlen lassen.
- Die Schlehen gut waschen, in ein hohes Gefäß geben und mit dem Sud gut bedecken. Das Gefäß mit einem Teller abdecken und mindestens 2 Monate ziehen lassen. Ab und zu die Schlehen-Salz-Masse umrühren.
- Nach 2 Monaten den Sud abgießen und die Schlehen portionsweise in Schraubgläser füllen. Gut mit einer Olivenölschicht bedeckt sind die eingelegten Schlehen gekühlt bis zu 1 Jahr haltbar.

Tipp ★

Schwarzwald-Oliven kann man im Salat, auf der Pizza, als Snack oder sonst überall verwenden, wo man auch Oliven nehmen würde. Lecker sind sie kurz blanchiert und mit Tomaten und gedünsteten Zwiebel in einer herzhaften Sauce zu Wild.

Rezept von Roswitha Ette

Rezept von Karin Rotzler

FETA-KÄSE IN THYMIAN-ORANGEN-MARINADE

Mit diesem Rezept wird das Mittelmeer in den Schwarzwald geholt. Der frische Thymian kann durch seinen wilden Bruder, den Quendel (Thymus pulegioides), *der bei uns gerne wächst, ersetzt werden.*

Für 4 Portionen

- 250 g Feta-Käse
- 60 g Frühlingszwiebeln
- 1 Bio-Orange
- 125 ml Orangensaft
- 1 EL Zitronensaft
- 5 EL Olivenöl
- 4–6 Zweige frischer Zitronenthymian oder normaler Thymian (ersatzweise 2 TL getrockneter Thymian)
- Salz, Pfeffer, Rosalin-Pfeffer
- Curry oder Paprika

- Den Feta-Käse in kleine Würfel schneiden und in ein großes Gefäß geben. Die Frühlingszwiebeln fein schneiden und dazugeben.
- Für die Marinade die Schale der gewaschenen Orange abreiben und in eine Rührschüssel geben. Orangensaft, Zitronensaft, Olivenöl und die abgezupften Thymianblättchen in die Rührschüssel geben und mit Salz, Pfeffer, Rosalin-Pfeffer, Curry und Paprika nach Geschmack kräftig würzen.
- Die Marinade gut mischen und über die Feta-Käse-Würfel gießen. Mindestens 3 Stunden im Kühlschrank durchziehen lassen.

Tipp ★

Diese Leckerei eignet sich hervorragend für ein Büffet. Sie schmeckt zu Baguette, als Antipasti, zu gegrilltem Fleisch oder auch im grünen Salat. Der eingelegte Feta-Käse lässt sich gut vorbereiten und gut verschlossen im Kühlschrank ca. 3 Wochen lagern.

WALNUSS-BROT MIT WILDEM MAJORAN

Besonders in den wärmeren Regionen Deutschlands wie in der Vorbergzone des Schwarzwaldes und am Kaiserstuhl-Tuniberg finden wir den Wilden Majoran. Schmetterlinge lieben ihn ebenso wie der Mensch. Mit seinen lila Blüten ist er nicht nur eine Bienenweide, sondern auch eine Augenweide für den Spaziergänger. Er ist auch als Dost oder Oregano bekannt – das Pizzagewürz. Das schmackhafte Würzkraut kann schon beim Austrieb und den ganzen Sommer über frisch geerntet werden. Zum Ernten und Trocknen für den Wintervorrat eignet sich der Wilde Majoran am besten, wenn er in voller Blüte steht.

Für 1 Brot

- 300 g Dinkelmehl Typ 1050
- 200 g Weizen-Vollkornmehl
- 10 g Hefe
- 1 EL Honig
- 300 ml lauwarmes Wasser
- 120 g Walnusskerne (grob gehackt)
- 1 EL Olivenöl
- 20 g getrockneter Wilder Majoran oder 40 g frischer Wilder Majoran (fein gehackt)
- 10 g Salz

Dinkelmehl und Weizenmehl in einer großen Schüssel vermischen. In der Mitte eine Mulde bilden und die zerbröselte Hefe hineingeben. Den Honig und etwas vom Wasser (ca. 50 ml) zur Hefe geben und in der Mulde mit etwas Mehl verrühren. Den Vorteig 10–15 Minuten zugedeckt ruhen lassen.

Danach Walnüsse, Öl, Wilden Majoran und Salz hinzufügen und mit den restlichen 250 ml Wasser in einer Küchenmaschine oder mit einem Handrührgerät gut durchkneten. Bei Bedarf kann noch etwas Mehl oder Wasser hinzugefügt werden, damit ein elastischer Teig entsteht, der sich gut vom Schüsselrand löst. Den Teig zu einer Kugel formen und in einer zugedeckten Schüssel an einem warmen Ort ca. 2 Stunden gehen lassen.

Den Teig auf einer bemehlten Arbeitsfläche noch einmal von Hand durchkneten, zu einem Laib formen und in eine gefettete Brotbackform oder auf ein Backblech legen. Im vorgeheizten Ofen auf der mittleren Schiene 50–60 Minuten bei 200 °C (Ober- und Unterhitze) backen.

Tipp ★

Ideal ist es, wenn der Brotteig am Abend vorher geknetet wird und über Nacht an einem kühlen Ort langsam gehen kann. Am Morgen kann dann gleich das knusprige, herzhafte Brot gebacken werden. Dazu passt wunderbar Wildkräuter-Butter oder ein Wildkräuter-Dip.

Rezept von Bernadette Bächle-Helde

Rezept von Petra Rehm-Hug

KRÄUTERSCHNECKEN

Je nach Jahreszeit können hier unterschiedliche Wildkräuter genommen werden. In größeren Mengen lassen sich z. B. Blätter von Giersch, Brennnessel, Wilder Möhre, Wiesenbärenklau und Spitzwegerich verwenden oder junge Triebe von Taubnessel, Rotklee, Wiesenlabkraut sowie Blüten und Blätter vom Gänseblümchen. In geringeren Mengen können z. B. sowohl Blätter als auch zarte Triebe von Wildem Majoran (Dost, Oregano), Gundermann und Kleinem Wiesenknopf dazugemischt werden. Junge Schafgarbentriebe, Beifußblätter und Baldrianblätter können auch sehr gut verwendet werden, da sie bitter sind, sollten sie aber nur in geringer Menge beigegeben werden.

Für ca. 12 Portionen

- 1 Packung gefrorener Blätterteig
- Wildkräuter der Saison (ein 500-ml-Gefäß locker mit Blättern gefüllt)
- 2–3 EL Öl
- Salz, Pfeffer
- 200 ml Schmand und/oder 150 g geriebener Hartkäse
- 1 Eigelb

- Den Blätterteig auftauen. Währenddessen die Kräuter klein hacken und mit Öl, Salz und Pfeffer mischen, sodass eine Paste entsteht. Zum Verfeinern wird Schmand und/oder geriebener Hartkäse untergemischt.
- Aus dem Blätterteig ein Rechteck ausrollen, die Kräutermischung aufstreichen und zu einer festen Rolle rollen. Davon schmale Scheiben abschneiden und einzeln auf ein gefettetes Backblech legen.
- Die Kräuterschnecken mit dem verquirlten Eigelb bestreichen. Im vorgeheizten Ofen ca. 20–25 Minuten bei 200 °C (Ober- und Unterhitze) auf mittlerer Schiene backen.

Tipp ★

Am besten schmecken die Kräuterschnecken ganz frisch. Sie eignen sich aber auch gut für ein Picknick oder als Beitrag für ein Büffet.

BAGUETTE MIT BÄRLAUCHBUTTER UND BRENNNESSELCHIPS

Die Baguettes mit Bärlauchbutter und Brennnesselchips sind tolle Snacks wie beispielsweise zum Sektempfang. Hübsch angerichtet sind sie nicht nur eine Gaumenfreude, sondern auch eine Augenweide.

Für ca. 10 Portionen

Für die Baguettescheiben mit Bärlauchbutter:

- 250 g Butter
- 1 Handvoll frische Bärlauchblätter
- 1 TL Salz
- 1 kg Baguette, in 2 cm dicke Scheiben geschnitten

Für die Brennnesselchips:

- Brennnesselblätter (ein 1-l-Gefäß locker mit großen Blättern gefüllt)
- 8 EL Öl
- Salz zum Würzen

Für die Baguettescheiben mit Bärlauchbutter schöne Schüsselchen zum Anrichten bereitstellen.

Die Butter bei Zimmertemperatur weich werden lassen. Die Bärlauchblätter gut von Verunreinigungen befreien, waschen, trocken tupfen und in sehr feine Streifen schneiden.

Butter und Bärlauchstreifen in eine kleine Schüssel geben, Salz darüberstreuen, gut durchkneten und auf die Schüsselchen verteilen. Zur Bärlauchbutter die Baguettescheiben reichen.

Für die Brennnesselchips die Brennnesseln in einer Tüte durchwalken, damit die Brennhaare zerstört werden, dann waschen, abtropfen lassen und trocken tupfen.

Das Öl in einer Pfanne erhitzen und die Brennnesselblätter darin knusprig frittieren. Die Brennnesselchips aus der Pfanne herausnehmen, auf ein Küchenpapier legen und mit Salz bestreuen.

Tipp ★

Die Baguettescheiben mit Bärlauchbutter und die Brennnesselchips eignen sich ideal vor einem Menü als „Gruß aus der Küche“. Sie können aber auch als Snack zwischendurch oder zum Wein genossen werden.

Frühlings-Geburtstagsmenü für Edi

- Baguette mit Bärlauchbutter und Brennnesselchips
- Wildes Süppchen mit Frühlings-Brennnesselspitzen und Spitzwegerich > S. 63
- Grüner Salat mit Löwenzahn und Wiesengarnitur > S. 90
- Maultaschen gefüllt mit Brennnesseln und Schafskäse in Kräutersößchen > S. 99
- Schweinelendchen auf Wiesenkräuter-Kartoffelpfannkuchen > S. 108
- Blütenjoghurt mit Löwenzahnblütengelee > S. 129

Rezept von Rosa Beham

Rezept von Barbara Kienzler

BÄRLAUCH-PFANNENKUCHEN

Bärlauch wächst bevorzugt in etwas feuchten Laubwäldern. Im zeitigen Frühling, wenn das Sonnenlicht noch durchscheint, finden wir ihn geradezu in Massen. Es ist beim Ernten jedoch größte Vorsicht geboten, da er gerne mit giftigen Pflanzen wie Maiglöckchen oder Herbstzeitloser verwechselt wird. Der intensive, typische Geruch des Bärlauchs ist kein sicheres Merkmal, da dieser beim Pflücken sofort an unseren Händen haftet und alles andere übertönt. Genaue Kenntnisse, gute Beobachtung und sorgfältiges Pflücken sind äußerst wichtig. Aus der Küche ist diese alte Heilpflanze nicht mehr wegzudenken. Mit seinem feinen Knoblaucharoma würzt sie Nudelgerichte, Suppen, Aufstriche, Aufläufe, Pesto und vieles mehr.

Für 4 Portionen

- 300 g Bärlauchblätter
- ca. 350 g Mehl
- 1 TL Salz
- 2–3 Eier
- 500 ml Milch
- Öl zum Ausbacken

- Den Bärlauch von Verunreinigungen befreien, gut waschen und in feine Streifen schneiden.
- Das Mehl in eine Schüssel geben und in der Mitte eine Vertiefung formen. Salz und Eier hineingeben und mit etwas Milch einen zähflüssigen Teig anrühren. Nach und nach die restliche Milch unterrühren und zum Schluss die Bärlauchstreifen unterheben.
- Das Öl in der Pfanne erhitzen und ca. 5 mm dicke Pfannkuchen backen.

Tipp ★

Die Bärlauch-Pfannenkuchen schmecken wunderbar zu einem Frühlingssalat. Falls noch welche übrig sind, können sie, in feine Streifen geschnitten, für eine herrliche Flädlesuppe verwendet werden.

MANGOLD-WIESENBÄRENKLAU-ECKEN

Der Mangold ist eine Gemüsepflanze, die im Mittelmeerraum zu den gängigen Gartenkulturen gehört. Er ist mit der Zuckerrübe und der Roten Rübe verwandt, was an dem deutlich erdigen, rübenartigen Geschmack erkennbar ist. Mangold hat viele gesundheitsfördernde Nährstoffe, enthält aber auch viel Oxalsäure.
In diesem Rezept können die übrigen Mangoldblätter vom Rezept „Grüne Kräuterknöpfle mit sauren Mangoldstielen" (Seite 107) verwertet werden.

Für 4 Portionen

- 1 Handvoll Mangoldblätter
- 3 junge Wiesenbärenklau-Blätter mit Stielen
- 1 kleine Zwiebel
- 2 EL Olivenöl
- 100 g Bergkäse
- 3–4 Petersilienstängel
- 1 Knoblauchzehe
- 100 g Schmand
- Salz, Pfeffer
- 3 Rollen fertiger Blätterteig (frisch oder tiefgekühlt)
- 1 Ei

Mangold und Wiesenbärenklau waschen und in feine Streifen schneiden. Die Zwiebel klein würfeln und in Öl andünsten. Mangold und Wiesenbärenklau dazugeben und unter ständigem Wenden weich dünsten. Anschließend beiseite stellen und abkühlen lassen.

Den Käse klein würfeln, die Petersilie fein schneiden, den Knoblauch schälen und durchpressen. Alles zum Mangold-Wiesenbärenklau-Gemüse geben. Den Schmand untermischen und mit Salz und Pfeffer kräftig würzen.

Den Blätterteig ausrollen und jede Platte in sechs gleichgroße quadratische Teile schneiden. Zwei Bleche mit Backpapier auslegen und den Backofen auf 200 °C (Ober- und Unterhitze) vorheizen.

Das Ei aufschlagen, Eigelb und Eiweiß trennen und beides getrennt verquirlen. Das Mangold-Wiesenbärenklau-Gemüse so auf den Teigstücken verteilen, dass ca. 1 cm Rand frei bleibt und die Teigstücke anschließend noch diagonal gut zugeklappt werden können. Mit dem Eiweiß die Ränder der Teigstücke bestreichen und diagonal zuklappen, damit Ecken entstehen. Die Ränder mit einer Gabel fest andrücken. Die Oberseite der Teigtaschen mit dem Eigelb bestreichen und auf das Backblech legen. Im Ofen bei 200 °C (Ober- und Unterhitze) ca. 15 Minuten goldgelb backen.

Tipp ★

Zu den Taschen kann ein bunter Salat gereicht werden. Sie schmecken auch lauwarm oder kalt und können gut für ein Büffet vorbereitet werden.

Rezept von Walburga Schillinger

Rezept von Marina Westermann

BLÜTEN-PIZZA

Viele Blüten sind nicht nur dekorativ, sondern auch essbar. Manche, z. B. das Gänseblümchen, kann man sogar fast das ganze Jahr über finden. Im Frühjahr lassen sich z. B. Blüten von Veilchen, Wiesenschaumkraut, Bärlauch, Huflattich und Vogelmiere verwenden. Weiter geht es durchs Jahr mit Löwenzahn, Taubnessel, Gundermann, Holunder, Giersch, Schafgarbe, Klatschmohn, Rotklee, Königskerze, Wegwarte, Nachtkerze, Wildem Majoran (Dost, Oregano) und Quendel. Auch Blüten aus dem Garten wie von Rosen, Schnittlauch, Lavendel, Rosmarin, Thymian, Sonnenblumen und Kapuzinerkresse sind wohlschmeckend und hübsch anzusehen.

Für ca. 4 Portionen

- ½ Würfel Hefe
- 50–60 ml lauwarmes Wasser
- 1 Messerspitze Zucker
- 250 g Mehl
- ½ TL Kräutersalz
- 2 EL Olivenöl
- 250 g Karotten
- 1 Handvoll Wildkräuter der Saison (z. B. Blätter von Löwenzahn, Giersch, Brennnessel, Schafgarbe, Knoblauchsrauke, Spitzwegerich oder Gänseblümchen und Triebe der Vogelmiere)
- ca. 150 ml Brühe
- 60 g Tomatenmark
- 1 TL Kräutersalz
- ca. 3 gemörserte rosa Pfefferbeeren
- 250 g frische Champignons
- 200 g Mozzarella
- 1–2 Handvoll frische essbare Blüten der Saison

Die Hefe im lauwarmen Wasser auflösen, Zucker zugeben und ca. 30 Minuten gehen lassen. Das Mehl in eine Schüssel geben, mit dem Kräutersalz verrühren und in der Mitte eine Vertiefung formen. Die aufgelöste Hefe in die Mulde geben. Das Olivenöl dazugeben und einen glatten Teig kneten. Anschließend den Teig gehen lassen, bis er die doppelte Größe hat.

In der Zwischenzeit die Karotten schälen und klein schneiden. Die Kräuter waschen und ein paar Mal durchschneiden. In einem großen Topf Karotten und Kräuter mit Brühe übergießen, ca. 20 Minuten garen und dann fein pürieren. Die Masse sollte nicht zu dünnflüssig werden. Falls zu viel Flüssigkeit vorhanden ist, vor dem Pürieren etwas Flüssigkeit abgießen. Nun Tomatenmark, Kräutersalz und rosa Pfefferbeeren unterrühren.

Die Champignons putzen und in dünne Scheiben schneiden, den Mozzarella ebenfalls in dünne Scheiben schneiden. Kurz vor dem Backen den Pizzaboden auswellen und auf das eingefettete Backblech geben. Die Würzmasse auf dem Boden verteilen und mit Champignon- und Mozzarellascheiben belegen. Die Pizza im vorgeheizten Backofen bei 220 °C (Ober- und Unterhitze) ca. 30 Minuten backen. Vor dem Servieren mit den essbaren Blüten garnieren.

Tipp

Blüten nur sammeln, wenn sie in großen Mengen vorkommen. Für die Samenbildung sollten immer genügend übrig gelassen werden. Vor der Verwendung sollten Sie die Blüten nicht waschen. Am besten Sie breiten sie auf einem Küchentuch großzügig aus, damit sich mögliche Kleintierchen und Verunreinigungen gut auslesen lassen.

KÄSEGEBÄCK TANNENGRÜN

Zur Herstellung dieser herzhaften Variante mit Tannengrün wird Tannenbutter verwendet. Diese können Sie mit Tannennadeln zu jeder Jahreszeit herstellen. Im Frühling ernten Sie am besten die jungen Tannenspitzen. Die Tannennadelbutter kann vielseitig verwendet werden. Für die süße Variante mit Tannengrünbutter im Rezept „Ausstecherle Tannengrün“ (Seite 47) wird die Petersilie weggelassen.

Für 1 Portion Tannenbutter und für 2 Backbleche Käsegebäck

Für die Tannenbutter:

- 1 gute Handvoll frische Tannennadeln
- 2 EL Olivenöl
- etwas frische, klein geschnittene Petersilie
- 200 g Butter

Für das Käsegebäck:

- 300 g Mehl
- 100 g Pecorino-Käse (oder vergleichbarer Hartkäse)
- 1 Prise Salz
- Cayennepfeffer
- 200 g Tannenbutter
- 2 TL weißer Balsamicoessig

- Für die Tannenbutter die Tannennadeln säubern und sehr fein schneiden. Die geschnittenen Tannennadeln mit Olivenöl pürieren. Nach Geschmack Petersilie zugeben.
- Die Butter aus dem Kühlschrank nehmen und bei Zimmertemperatur weich werden lassen. Die weiche Butter schaumig aufschlagen und das Tannennadel-Öl-Gemisch untermischen. Anschließend die Tannenbutter länger (z. B. über Nacht) kühl stellen.
- Für das Käsegebäck das Mehl und den Käse vermischen, mit Salz und Pfeffer würzen. Die auf Zimmertemperatur erwärmte Tannennadelbutter in kleine Stückchen schneiden und unter die Mehl-Käse-Masse mischen. Balsamicoessig dazugeben und die Mischung zu einem Teig kneten. Vier Rollen formen und diese mindestens 1 Stunde kalt stellen.
- Die Teigrollen 5 mm dick ausrollen und mit verschiedenen Förmchen für das Käsegebäck ausstechen. Zwei Backbleche mit Backpapier auslegen und das Gebäck darauflegen. Im vorgeheizten Ofen bei 180 °C (Ober- und Unterhitze) oder bei 160 °C (Umluft) ca. 15 Minuten backen.

Tipp ★

Dieses Käsegebäck ist eine herzhafte Variante zum Weihnachtsgebäck, die gut zu Sekt und Wein gereicht werden kann.

Rezept von Annette Vandersee

Rezept von Annette Vandersee

AUSSTECHERLE TANNENGRÜN

Für die Ausstecherle Tannengrün braucht man Tannennadelzucker, der im Frühling aus jungen Trieben hergestellt und bis zum Gebrauch aufbewahrt wird. Der Tannennadelzucker kann vielseitig verwendet werden.

Für 1 Portion Tannennadelzucker und 1 Backblech Ausstecherle

Für den Tannennadelzucker:

1 gute Handvoll frische Tannennadeln

200 g Rohrzucker

Für die Ausstecherle:

200 g Mehl

50 g Stärke

1 TL Backpulver

75 g Tannennadelzucker

75 g Butter

1 Ei

50 g Sahne

200 g Puderzucker

2 EL Zitronensaft

Zum Dekorieren:

ca. 1 Handvoll fein geschnittene frische Tannennadeln oder etwas Tannennadelzucker

- Für den Tannennadelzucker die Tannennadeln säubern, sehr fein schneiden und mit dem Rohrzucker vermischen. Auf einem Teller oder Backblech mehrere Tage trocknen lassen. Sollten die Tannennadeln zu grob sein, kann der getrocknete Zuckeransatz noch kurz im Mixer klein gemahlen werden.
- Für die Ausstecherle Mehl, Stärke, Backpulver und Tannennadelzucker mischen. Die Butter in Flocken dazugeben und alles gut vermischen. Eine Mulde formen, Ei und Sahne dazugeben und einen glatten Mürbeteig kneten. Den fertigen Mürbeteig für ca. 1 Stunde (am besten über Nacht) kalt stellen.
- Den Backofen auf 180 °C (Ober- und Unterhitze) oder auf 160 °C (Umluft) vorheizen und zwei Backbleche mit Backpapier auslegen. Den Teig auf einer bemehlten Arbeitsfläche 5 mm dick ausrollen und kleine Tannenbäumchen ausstechen. Die Ausstecherle auf das Backblech legen und ca. 15 Minuten goldgelb backen. Puderzucker mit dem Zitronensaft oder etwas Wasser anrühren und damit das Gebäck bestreichen. Mit den Tannennadeln oder mit dem Tannennadelzucker dekorieren.

Tipp ★

Diese Ausstecherle sind nicht nur eine leckere, sondern auch eine originelle und dekorative Variante für Weihnachtsgebäck.

KAROTTEN-BIRNEN-MUFFINS MIT DOST

Ringelblumen gehören zwar nicht zu den heimischen Wildkräutern, sind aber in fast jedem Garten wild wachsend zu finden. Die leuchtend orangegelben Blütenblätter sind immer ein schöner Blickfang. Sie können aber auch zum Färben von Lebensmitteln verwendet werden.

Für ca. 24 Muffins

- 300 g Karotten
- 1 Birne
- 1 EL Blättchen vom Wilden Majoran (Dost, Oregano)
- 1 EL Ringelblumenblüten
- 3 Eier
- 200 g brauner Zucker
- 150 ml neutrales Öl (Sonnenblumenöl, Rapsöl)
- 200 g Vollkornmehl
- 60 g geriebene Mandeln
- 2 TL Backpulver
- 1 Prise Salz

- Die Karotten fein raspeln. Die Birne in sehr feine Stückchen schneiden. Die Dostblättchen abzupfen und fein schneiden. Die Blütenblätter der Ringelblumen auszupfen.
- Die Eier mit dem Zucker in einer großen Schüssel schaumig schlagen und dabei nach und nach das Öl dazugeben. Vollkornmehl, Mandeln, Backpulver und Salz vermischen und unter die schaumig gerührte Masse heben. Zum Schluss Karottenraspeln, Birnenstückchen, Wilde Majoranblättchen und Ringelblumenblütenblätter zugeben und mit der Teigmasse mischen.
- Die Muffinförmchen vorbereiten und die Teigmasse einfüllen. Im vorgeheizten Ofen bei 180 °C (Ober- und Unterhitze) ca. 25 Minuten backen.

Tipp ★

Diese Muffins können gut vorbereitet und bei besonderen Anlässen, z. B. bei einem Büfett, zu Kaffee oder Tee oder als Süßspeise angeboten werden.

Rezept von Marina Westermann

Rezept von Ulrike Armbruster

KLEINES SÜSSES MIT MÄDESÜSS

Mädesüßblüten duften süß und haben einen Hauch von Honig- und Mandelaroma. Sie eignen sich hervorragend zum Aromatisieren und verleihen Gerichten einen leichten Geschmack nach „Wiesenamaretto“. Man kann sie auch in Weinbrand einlegen.

Für 1 Auflaufform von ca. 20 × 30 cm

- 1 EL Mädesüßblüten
- 4–5 Eier
- 1,5 Tassen (225 ml) brauner Zucker
- 1 Tasse (150 ml) Öl (z. B. Sonnenblumenöl)
- 2 Tassen (300 ml) gemahlene Nüsse (z. B. Walnüsse) oder Mandeln
- 1 Tasse (150 ml) Mineralwasser
- 2 Tassen (300 ml) Dinkelmehl
- 1 TL Backpulver
- Fett für die Backform
- Puderzucker zum Bestreuen
- Obst nach Belieben zum Garnieren

- Die Mädesüßblüten von Verunreinigungen befreien, aber nicht waschen, anschließend klein zupfen.
- Mit einem Handrührgerät die Eier schaumig rühren und dabei den Zucker langsam einrieseln lassen. Nach und nach Öl, Nüsse, Mineralwasser, Dinkelmehl, Backpulver und Mädesüßblüten dazugeben.
- Den Teig auf ein gefettetes Backblech mit Rand geben und bei 200 °C (Ober- und Unterhitze) ca. 25 Minuten backen. Das fertige Gebäck in kleine Stücke (z. B. 5 × 5 cm) schneiden. Diese Häppchen mit Puderzucker bestreuen und eine Beere (oder ein kleines Obststückchen) mit einem Zahnstocher fixieren.

Tipp ★

Sie können eine Handvoll Beeren oder Obst mit in den Teig geben.

SUPPEN

Rezept von Christiane Denzel

FRANZOSENKRAUTSUPPE MIT GOLDWÜRFELN

Das Franzosenkraut oder Kleine Knopfkraut stammt ursprünglich aus Südamerika und hat sich als Ackerbegleitpflanze weltweit verbreitet. Essbar sind Blüten, Blätter und Triebspitzen, die in der Küche gerne wie Petersilie verwendet werden. Als herb schmeckendes Würzkraut passt es zu vielen Gerichten, aber auch gekocht ist es lecker zu Gemüsegerichten oder in Suppen. Sein milder Geschmack erinnert an Erbsen und Mais.

Für 4 Portionen

Für die Suppe:

- 300 g mehlig kochende Kartoffeln
- 1 mittelgroße Karotte
- 1 Zwiebel
- 3 EL Öl
- 1 l Gemüsebrühe
- 3 Handvoll frisches Franzosenkraut (Stängel mit Blättern und Blüten)
- 100 g saure Sahne
- Salz, Pfeffer
- Muskat
- etwas Zitronensaft

Für die Goldwürfel:

- 50 ml Sahne
- 1 Eigelb
- Salz
- 2 Scheiben Weißbrot
- 2 EL Butterschmalz

Für die Dekoration:

- 1 Handvoll frisches Franzosenkraut (Stängel mit Blättern und Blüten)
- 150 ml Sahne

Für die Suppe Kartoffeln und Karotte in kleine Würfel schneiden. Die Zwiebel in Würfel schneiden und in einem großen Topf in Öl andünsten. Die vorbereiteten Kartoffel- und Karottenstücke zur Zwiebel in den Topf geben und kurz gut durchrösten. Danach mit der Gemüsebrühe ablöschen und das Gemüse weich kochen.

Das Franzosenkraut waschen, trocken tupfen, mit Stielen, Blättern und Blüten fein schneiden, zur Gemüsesuppe geben und kurz aufkochen lassen. Die saure Sahne in die Suppe einrühren und je nach Geschmack pürieren. Mit Salz, Pfeffer, Muskat und ein paar Tropfen Zitronensaft abschmecken.

Für die Goldwürfel die Sahne mit dem Eigelb verquirlen und mit Salz abschmecken. Das Weißbrot in gleichmäßige, ca. 1 cm große Würfel schneiden. Nun die Brotwürfel in die Eiersahne geben und so lange liegen lassen, bis die Sahne aufgesogen ist; dabei die Würfel wenden. Das Butterschmalz in der Pfanne erhitzen und die Würfel darin goldgelb ausbacken.

Für die Dekoration das Franzosenkraut waschen und klein zupfen. Die Sahne schlagen. Die heiße Suppe anrichten und die Goldwürfel in die Teller verteilen, je einen Klecks Sahne dazugeben und mit dem Franzosenkraut dekorieren.

Tipp ★

Falls die Suppe zu bitter wird, einfach etwas mehr Sahne dazugeben. Dann sollte aber nicht mehr aufgekocht werden.

GEMÜSESUPPE MIT GÄNSEBLÜMCHEN

Gänseblümchen kann man fast das ganze Jahr über ernten. Bevorzugt wachsen sie im „wilden Rasen", der öfter gemäht wird. Hat man genügend davon, können die Blattrosetten wie Feldsalat geerntet und roh zu Wildkräutersalat gegeben werden. In Kräutersuppen bringen die Blätter mit ihrem etwas herben, bitteren Geschmack ein interessantes Aroma. Die Blüten sind eine sehr beliebte Dekoration.

Für ca. 4–6 Portionen

- 720 g Kartoffeln
- 4 Möhren
- 2–3 Pastinaken
- 1 Zwiebel
- 1 Handvoll Gänseblümchen (Blattrosetten mit Blüten)
- 75 g junge Brennnessel- und Gierschblätter
- 20 g Butter
- 1,5 l Gemüsebrühe
- Kräutersalz
- Pfeffer

Kartoffeln, Möhren, Pastinaken und Zwiebel schälen und klein würfeln. Gänseblümchen waschen, die Blüten vom Stängel zupfen und beiseite legen. Blätter und Stiele der Gänseblümchen klein schneiden. Brennnessel- und Gierschblätter waschen und in Streifen schneiden.

Die Zwiebeln in Butter andünsten. Nach und nach Kartoffeln, Möhren und Pastinaken, Brennnesseln, Giersch und die klein geschnittenen Gänseblümchenblätter und -stiele dazugeben. Mit der Brühe auffüllen und 20 Minuten köcheln lassen.

Je nach Geschmack pürieren und mit Kräutersalz und Pfeffer abschmecken. Zum Schluss die Gänseblümchenblüten darüberstreuen.

Tipp ★

Gänseblümchen sehen nicht nur gut aus, sie schmecken auch lecker.

Rezept von Marina Westermann

Rezept von Walburga Schillinger

KRÄUTERBRÜHE MIT BRENNNESSEL-GOLDWÜRFELN

Eine Gemüsesuppe oder eine Kräuterbrühe geht immer! Hierfür lassen sich gut kleine Mengen verschiedenster Gemüse und Wildkräuter sowie Gemüsereste vom Vortag verwerten. Je nach Mengenverhältnis und wie viel Würzkräuter wie z. B. Liebstöckel, Schafgarbe oder Gundermann dazugegeben wird, schmeckt sie immer wieder anders.

Für ca. 3–4 l Brühe

Für die Kräuterbrühe:

2 Blätter Wirsing

1 Stange Lauch

½ Sellerieknolle

1 Zweig Liebstöckel

3 Stängel Petersilie

je 1 Handvoll Pastinakenkraut, Karottenkraut, Schafgarbenblätter und -blüten, Vogelmieretriebe, Brennnesselblätter

6 Blättchen Gundermann

1 Kartoffel, 1 Karotte

1 Zwiebel

1 Lorbeerblatt, 2 Nelken

3 l Wasser

Salz, Muskat

Für die Goldwürfel:

4 kleine Toastbrot- oder Baguettescheiben

2 Eier

100 ml Milch

1 Prise Salz

1 EL Brennnesselsamen

2 EL Butterschmalz

2 EL essbare Blüten zum Dekorieren (z. B. von Gänseblümchen, Wiesenschaumkraut, Rotem Wiesenklee)

Für die Brühe das gesamte Gemüse gut in kaltem Wasser waschen und klein schneiden. Kartoffel und Karotte in je vier Teile schneiden. Die ungeschälte Zwiebel halbieren, die Schnittfläche in eine heiße Pfanne legen und kurz anrösten. Die Zwiebelhälften mit dem Lorbeerblatt und den Nelken spicken. Alles zusammen in einen großen Kochtopf mit 3 l kaltem Wasser geben. Die Brühe aufkochen und ca. 90 Minuten köcheln lassen. Mit Salz und Muskat würzen.

Für die Goldwürfel die Brotscheiben in ca. 1 cm große Würfel schneiden. Eier und Milch verquirlen und mit Salz und Brennnesselsamen würzen. Die Brotwürfel in die Eier-Milch-Mischung geben und darin liegen lassen, bis die Flüssigkeit aufgesogen ist. In einer Pfanne das Butterschmalz erhitzen und die Brotwürfel darin goldgelb ausbacken.

Zum Anrichten der Suppe die Kräuterbrühe abseihen und mit Gewürzen abschmecken. Die heiße Kräuterbrühe auf die Teller verteilen und die Brennnessel-Goldwürfel kurz vor dem Essen dazugeben. Mit essbaren Blüten dekorieren.

Tipp ★

Für die Rezepte „Saure Mangoldstiele" und „Endivien-Rucolasalat mit Kartoffeldressing" wird diese Kräuterbrühe benötigt. Zur Zubereitung der Brühe lassen sich Gemüsereste verwerten. Die Kräuterbrühe eignet sich gut zum Aufgießen von Suppen und Soßen und kann in Portionen zur Vorratshaltung eingefroren oder sterilisiert werden.

Herbstmenü vom Schwarzwaldhof

- Kräuterbrühe mit Brennnessel-Goldwürfeln
- Grüne Kräuterknöpfle mit sauren Mangoldstielen > S. 107
- Endivien-Rucola-Salat mit Kartoffeldressing > S. 85
- Schokoladenflammerie mit Birnenkompott und Zuckerblüten > S. 141

WILDER-MAJORAN-TOMATENSUPPE

Im Sommer haben wir Tomaten in Hülle und Fülle. Oft können wir gar nicht alle sofort verbrauchen und an den Böschungen in den Weinbergen und im Garten wächst der Wilde Majoran – das Pizzagewürz, das man auch Dost oder Oregano nennt. Diese Tomatensuppe lässt sich ohne viel Küchenarbeit schell zubereiten und schmeckt auch kalt lecker – ideal an besonders heißen Sommertagen.

Für ca. 4 Portionen

1,5 kg reife Tomaten
1 rote Paprikaschote
1 Zwiebel
15–20 g frischer Wilder Majoran (ganzer Zweig)
einige Rosmarinblättchen
2 EL Butter
5 Körner Schwarzer Pfeffer
1 Lorbeerblatt
½ l Gemüsebrühe
100 ml Sahne
Salz, Pfeffer
1 Dose Mais (330 g Füllgewicht)

Tomaten und Paprika waschen und klein würfeln. Die Zwiebel schälen und fein hacken. Wilden Majoran waschen, die Blätter abstreifen und sehr fein schneiden. Rosmarinblättchen ebenfalls waschen und sehr fein schneiden.

Die Butter in einem großen Kochtopf (mind. 4 l) schmelzen und Zwiebeln und Paprika darin andünsten. Anschließend Tomaten, Wilden Majoran, Rosmarin, Pfefferkörner und Lorbeerblatt dazugeben und mit der Brühe aufgießen. Kurz aufkochen und dann die Suppe ca. 15 Minuten zugedeckt köcheln lassen.

Das Lorbeerblatt herausnehmen und die Suppe pürieren. Anschließend die Sahne unterrühren und mit Salz und Pfeffer abschmecken. Den abgetropften Mais in die Suppe geben und nochmals leicht erhitzen.

Tipp

Dieses Rezept eignet sich wunderbar, um überreife Tomaten aus dem Garten schnell zu verarbeiten.

Sommermenü für Luise

- Wilder-Majoran-Tomatensuppe
- Zucchini und Champignons in Wilder-Majoran-Vinaigrette > S. 69
- Mit Un-Kräutern gefüllte Paprika > S. 100
- Steinklee-Quarkcreme zu Sommer-Fruchtkaltschale > S. 133
- Wiesen-After-eight mit Gundermann > S. 125

Rezept von Bärbel Höfflin-Rock

Rezept von Rosa Beham

WILDES SÜPPCHEN MIT FRÜHLINGS-BRENNNESSELSPITZEN UND SPITZWEGERICH

Der Spitzwegerich mit seinem angenehm herben Aroma hat nur langsam die Wildkräuterküche erobert. Für viele ist er aber heute nicht mehr daraus wegzudenken. Spitzwegerich ist fast überall in ausreichenden Mengen zu finden. Da er nicht sehr dominant oder bitter schmeckt, gehört er zu den Basiskräutern und lässt sich roh zu Salaten, gegart in Gemüse oder in Suppen genießen.

Für 4 Portionen

- 1 Kartoffel
- ½ Zwiebel
- 2 Handvoll Spitzwegerichblättchen
- 2 Handvoll Brennnesselblättchen
- 30 g Butter
- 40 g Mehl
- ½ l Gemüsebrühe
- ½ l Milch
- Spitzwegerichblüten
- Salz, Pfeffer
- Muskat
- ½ TL Zitronensaft
- Spitzwegerichsamen (siehe Seite 15) und evtl. Brennnesselchips (siehe Seite 36)

- Die Kartoffel schälen und in kleine Stücke schneiden. Die Zwiebel in kleine Würfel hacken. Spitzwegerichblätter und Brennnesselblättchen waschen, trocken tupfen und in feine Streifen schneiden.
- Die Butter in einem Kochtopf erhitzen und die Zwiebel darin anschwitzen. Das Mehl darüberstreuen und mit Gemüsebrühe und Milch ablöschen. Kartoffelstücke und Kräuterstreifen dazugeben und gar kochen.
- In der Zwischenzeit die Spitzwegerichblüten in Scheibchen schneiden. Die Suppe je nach Geschmack pürieren und mit Pfeffer, Salz, Muskat und dem Zitronensaft würzen.
- Kurz vor dem Servieren die Suppe mit den Spitzwegerichblüten-Scheibchen und dem Spitzwegerichsamen garnieren. Falls Brennnesselchips vorhanden sind, noch einige oben draufsetzen.

Tipp ★

Das Spitzwegerichsüppchen hat einen feinen Pilzgeschmack. Behält man einige fein geschnittene Spitzwegerichblättchen zurück, können sie auch zum Dekorieren der Suppe verwendet werden.

MEERRETTICH-APFELCREME-SUPPE

Meerrettich wächst in vielen Bauerngärten wild in einer Ecke. Er ist eine traditionelle, sehr scharfe und etwas nach Senf schmeckende Gewürzpflanze. Benötigt man davon Blätter, z. B. für einen Smoothie, oder Wurzeln für einen Sahnemeerrettich, können sie schnell frisch geerntet werden. Als wichtiger Bestandteil für die Winterküche bleiben die Wurzeln in milderem Klima draußen oder in kälteren Regionen im Keller eingelagert lange haltbar. So sind sie immer parat zum Verfeinern von Suppen, Salaten und Soßen.

Für 4 Portionen

- 2 Zwiebeln
- 2 EL Butter
- 1 Limone (unbehandelt)
- 2–3 TL Meerrettich (aus dem Glas oder frisch gerieben)
- 1 Prise Zucker
- 100 ml Badischer Weißwein
- 3 Äpfel mittlerer Größe (z. B. roter Boskop)
- 600 ml Gemüsebrühe
- 60 g kalte Butter
- 200 ml Sahne
- Salz, Pfeffer
- Schnittlauch zum Garnieren

In einem Topf die fein gehackten Zwiebeln in wenig Butter glasig dünsten. Abgeriebene Limonenschale, Meerrettich und Zucker dazugeben. 2 Minuten weiterdünsten, dann mit dem Wein ablöschen. Die Äpfel (ohne Kerngehäuse) in kleine Stücke schneiden, dazugeben und mit der Gemüsebrühe auffüllen. So lang kochen bis die Äpfel weich sind.

Suppe vom Herd nehmen und mit einem Pürierstab pürieren. Dann die kalte Butter in Stücke schneiden und mit der Sahne daruntermixen. Mit Salz und Pfeffer abschmecken.

Die Suppe nochmals kurz auf den Herd stellen und vorsichtig aufwärmen. Jetzt sollte die Suppe nicht mehr kochen, da sich sonst die Butter und die Sahne absetzen und die Bindung der Suppe verloren geht. Mit Schnittlauch garnieren.

Tipp ★

Die beiden Fitmacher Meerrettich und Apfel sind eine wunderbare Kombination. Die leichte Meerrettich-Apfel-Cremesuppe eignet sich hervorragend für ein Wintermenü.

Fittes Wintermenü

- Käsegebäck Tannengrün > S. 44
- Meerrettich-Apfelcreme-Suppe
- Salbeischnitzele > S. 104
- Brennnessel-Gnocchi > S. 77
- Rote-Bete-Apfel-Power-Dessert > S. 142
- Ausstecherle Tannengrün > S. 47

Rezept von Bärbel Höfflin-Rock

SALATE UND BEILAGEN

Rezept von Bärbel Höfflin-Rock

ZUCCHINI UND CHAMPIGNONS IN WILDER-MAJORAN-VINAIGRETTE

Im Sommer finden sich auf den Böschungen im Kaiserstuhl und Tuniberg ganze Beete mit Wildem Majoran, der auch Dost oder Oregano genannt wird. Schmetterlinge lieben ihn und in der Sommerhitze verströmen seine ätherischen Öle einen herrlichen, appetitanregenden Duft. Auf der Suche nach einer Vorspeise mit diesem Würzkraut wurde das folgende Rezept entdeckt. Ein Gericht mit mediterranem Charakter, das Urlaubsgefühle aufkommen lässt.

Für 4 Portionen

- 400 g Zucchini
- 400 g Champignons
- 2 Knoblauchzehen
- 8 EL Olivenöl
- Salz
- grob zerstoßener Schwarzer Pfeffer
- ⅛ l trockener Weißwein
- 2–3 El Zitronensaft
- Salz
- 1–2 Bund Wilder Majoran, mit oder ohne Blüten (man kann auch zur Hälfte Thymian verwenden)

Die Zucchini waschen, putzen und in grobe Stifte schneiden. Die Champignons waschen, putzen und in dicke Scheiben schneiden. Den Knoblauch pellen und in dünne Scheiben schneiden.

In einer Pfanne das Öl erhitzen und zuerst die Zucchini kurz an allen Seiten anbraten, salzen, aus der Pfanne nehmen und auf einer Platte anrichten. Anschließend die Champignons anbraten, salzen und zu den Zucchini legen. Beides mit grob zerstoßenem Pfeffer bestreuen.

Anschließend die Knoblauchscheiben in der Pfanne im restlichen Öl anbraten. Mit Weißwein ablöschen und mit Zitronensaft und Salz abschmecken.

Die Blätter des Wilden Majoran von den Stielen zupfen und über das Gemüse streuen. Zum Schluss den Weinsud darübergießen und gut durchziehen lassen.

Tipp ★

Dieses leichte Sommergericht lässt sich als Vorspeise mit Baguette oder als Beilage servieren. Genießen Sie den übrig gebliebenen trockenen, kalt gestellten Weißwein dazu.

ROTE-BETE-CARPACCIO MIT GARTENSCHAUMKRAUT

Die meisten kennen die blasslila Blütenteppiche aus Wiesenschaumkraut im Frühling. An Bachläufen findet man dagegen das verwandte Bittere Schaumkraut. Das einjährige Gartenschaumkraut schließlich haben zwar schon viele gesehen, kennen es aber eher nicht. Es hat sich erst in den letzten Jahren bei uns verbreitet. Die winzigen Blattrosetten treiben schon früh im Frühjahr auf vegetationsarmen Stellen aus und sind dann fast das ganze Jahr über im Garten oder in Töpfen und Balkonkästen zu finden. Alle drei Schaumkräuter gehören zu den Kreuzblütlern und sind mit ihrer kresseartigen Schärfe kulinarisch interessant.

Für 4 Portionen

- 4–6 Rote Bete (roh oder gekocht)
- Salz, Pfeffer
- 2 EL Essig
- 2 EL Öl
- 1 Handvoll Gartenschaumkraut

- Die Rote Bete fein hobeln und auf einer Platte anrichten. Mit Salz und Pfeffer bestreuen und anschließend mit Essig und Öl beträufeln.
- Das Gartenschaumkraut von Verunreinigungen befreien, gut waschen, trocknen, in kleine Stücke zupfen und über die Rote Bete streuen.

Tipp ★
Das Carpaccio mit frisch geraspeltem Meerrettich garnieren.

Rezept von Ulrike Armbruster

Rezept von Julia Teply-Szymanski

MILCHSAUER VERGORENER SPARGEL IN KRÄUTERN

In der Hochsaison der Spargelernte hat man oft größere Mengen, die nicht immer gänzlich sofort verzehrt werden können. Milchsauer vergorener Spargel lässt sich aber gut aufbewahren.

Für ca. 4 Portionen

Für den Spargelansatz:

1 kg weißer Spargel

2 TL Salz

1 EL frische klein gehackte Kräuter (z. B. Quendel-, Thymian- oder Estragonblätter) oder 1 TL getrocknete Kräuter

1 TL abgeriebene Zitronen- oder Orangenschale

Eventuell zum Auffüllen:

300 ml Wasser

1 TL Salz

- Den Spargel schälen und in ca. 1 cm lange Stücke schneiden. Mit dem Salz gut vermischen, in ein hohes Einmachglas geben und 2 Stunden ohne Deckel bei Raumtemperatur stehen lassen.
- Die Kräuter und die abgeriebene Zitronen- oder Orangenschale hinzugeben und mit den Spargelstückchen und der ausgetretenen Lake vermengen. Nun den Spargel fest in das Glas drücken, sodass möglichst wenig Luftbläschen in der Lake verbleiben und er vollständig mit Lake bedeckt ist.
- Falls die Flüssigkeit nicht reicht, Wasser aufkochen, Salz darin lösen und abkühlen lassen. Mit dieser Lake kann dann aufgefüllt werden, damit die Spargel-Kräuter-Masse gut bedeckt ist.
- Zum Schluss mit einem kleinen Teller oder einem Marmeladenglas die Masse beschweren, denn während des Gärprozesses darf die Spargel-Kräuter-Masse keinen Kontakt mit Sauerstoff haben. Zur Gärung wird das Glas 2–3 Tage bei Raumtemperatur stehen gelassen. Je nach Geschmack kann die Spargelmasse bei Raumtemperatur noch weiter gären oder das Glas wird luftdicht verschlossen und im Kühlschrank bis zum Verzehr aufbewahrt.

Tipp

Mit zunehmender Standzeit nimmt der Salzgeschmack ab und die Säure zu.

Julias Wilder Frühlingsteller

- Milchsauer vergorener Spargel in Kräutern
- Brennnesselspinat > S. 74
- Wilder Kräuterfrischkäse > S. 16

BRENNNESSELSPINAT

Wer kennt sie nicht, die Brennnessel! Jeder von uns hat schon so seine Erfahrungen mit ihr gesammelt, doch nicht jeder hat sie schon gegessen. Dabei eignet sie sich hervorragend als Hauptbestandteil für viele Gerichte in der Wildkräuterküche. Am besten werden junge Triebe oder Spitzen mit einer Schere abgeschnitten und in einem Beutel oder Gefäß aufgefangen.
Durch unsanfte Behandlung (wie z. B. das Kneten der Blätter im Beutel oder das kräftige Durchwalken mit einem Löffel beim Waschen) werden die Brennhaare zerstört und die Brennnessel wird auch roh genießbar – bei roher Verwendung ist allerdings Vorsicht geboten, falls doch noch ein Brennhaar übrig geblieben ist.

Für ca. 4 Portionen

- 2 kg junge Brennnesseltriebe (evtl. auch Gierschblätter oder beides)
- 1 Zwiebel
- 1 EL Butter
- 150 ml Wasser
- 2 TL Salz
- Salz, Pfeffer
- Muskat

Die Brennnesseln gut waschen, die Brennhaare zerstören (siehe oben), größere Blätter abzupfen und mit den jungen, zarten Trieben grob schneiden. Die Zwiebel schälen und in feine Würfel schneiden.

In einem großen Topf die Butter zergehen lassen, die Zwiebeln andünsten und die Brennnesseln dazugeben. Mit dem Wasser ablöschen, 2 Teelöffel Salz dazugeben und ca. 5 Minuten kochen, bis die Brennnesseln die gewünschte Konsistenz haben; dabei ab und zu umrühren. Mit Salz, Pfeffer und Muskat abschmecken.

Tipp ★

Unter den Brennnesselrezepten ist der Brennnesselspinat der Klassiker. Dank seines hohen Gehalts an Mineralien und Vintamin C ein „Super Food“.

Rezept von Julia Teply-Szymanski

Rezept von Sibylla Jauch

BRENNNESSEL-GNOCCHI

Nocken oder Nockerln – auf Italienisch Gnocchi – einmal anders zubereitet. Normalerweise werden die kleinen runden Teignockerln aus Kartoffelteig hergestellt. In dieser Variante ist eine der Hauptzutaten aber das Brennnesselpüree.

Für 4 Portionen

- 2 große Bund (ca. 300 g) Brennnesseltriebe
- 80 g Schalotten oder Zwiebeln
- 1 Knoblauchzehe
- 2 EL Olivenöl
- Eiswürfel für das Wasserbad
- 120 g Toastbrotbrösel
- 130 g frisch geriebener Parmesan
- 3–4 Eier
- Salz, Pfeffer
- Muskat
- Mehl nach Bedarf

Die Brennnesseln am besten in einer Tüte gut durchkneten, damit die Brennhaare zerstört werden. Anschließend waschen, zarte Teile und Blätter abzupfen und grob in ca. 1 cm breite Streifen schneiden.

Die Schalotten und den Knoblauch fein würfeln und in einem großen Topf in dem Olivenöl anschwitzen. Die vorbereiteten Brennnesseln dazugeben und so lange dünsten, bis die Blätter weich sind. Dann die Masse mit einem Pürierstab pürieren. Die Brennnesselmasse in ein passendes kühles Gefäß geben, dieses in ein Eiswasserbad stellen und abkühlen lassen – auf diese Weise bleiben die Brennnesseln schön grün.

250 g der Brennnesselmasse mit Toastbrotbröseln, Parmesan und Eiern mischen und mit den Gewürzen abschmecken. So viel Mehl dazugeben, bis eine feste, formbare Masse entsteht. Daraus auf einer bemehlten Arbeitsfläche ca. 1 cm dicke Rollen formen und kleine Gnocchi abstechen.

Die Gnocchi in siedendes Salzwasser geben und 2–3 Minuten ziehen lassen, bis sie an der Oberfläche schwimmen. Dann aus dem Wasser herausnehmen und in kaltem Wasser abschrecken.

Tipp ★

Zu diesem Gericht passt eine Tomatensoße oder einfach nur Rahm. Die Gnocchi schmecken wunderbar leicht und zart und sind eine gute Alternative zu Kartoffelgnocchi. Am besten man bereitet gleich mehr zu und friert sie für andere Gelegenheiten ein.

BRENNNESSELSCHNITZEL

Brennnesselschnitzel sind eine leckere und gesunde Alternative zu Fleischgerichten. Im Garten eher ungeliebt, ist die Brennnessel aus der Wildkräuterküche nicht wegzudenken und außerdem ist sie eine der ältesten Heilpflanzen. Viele ihrer Inhaltsstoffe regen den gesamten Stoffwechsel an und stärken das Immunsystem. Die Brennnessel eignet sich hervorragend zur Frühjahrskur.

Für 4 Portionen

300 g Brennnesselblätter
4 Dinkel- oder Roggenbrötchen
6 EL Milch
1 Zwiebel
30 g Butter
Salz, Pfeffer
Muskat
etwas Semmelbrösel
4 EL Vollkornhaferflocken
2–3 EL Öl

- Junge Brennnesseltriebe oder die oberen vier Blätter älterer Pflanzen am besten in einer Tüte gut kneten, damit die Brennhaare zerstört werden. Anschließend waschen, mit heißem Wasser überbrühen, abtropfen lassen und fein hacken. Die Brötchen in Würfel schneiden und in der Milch einweichen. Die Zwiebel klein schneiden und in Butter goldgelb anrösten.
- Die Brötchen, falls nötig, ausdrücken und in eine Schüssel geben. Brennnesseln und Zwiebeln hinzufügen, nach Belieben würzen und dann zu einer festen, formbaren Teigmasse verkneten. Falls der Teig zu weich ist noch etwas Semmelbrösel dazugeben.
- Jetzt kleine Schnitzel formen und in den Vollkornhaferflocken wenden. Das Öl in einer Pfanne erhitzen und die Brennnesselschnitzel darin anbraten.

Tipp ★

Zur Herstellung der Brennnesselschnitzel kann man gut alte Brötchenreste verwerten. Ein Kräuterquark passt wunderbar zu diesem Gericht.

Rezept von Bernadette Bächle-Helde

Rezept von Bernadette Bächle-Helde

WILDKRÄUTER-NOCKEN

Spontan bei einem Spaziergang einfach hier und da ein paar Kräuter am Wegesrand abgepflückt oder einmal quer durch den Garten ein paar Handvoll gesammelt, und schon haben Sie genug Kräuter für die leckeren Wildkräuter-Nocken. Wildkräuter in der Küche zu verwenden, ist am unkompliziertesten, wenn Sie für ein Gericht einfach die Kräuter nehmen, die Ihnen gerade in die Hände fallen.

Für ca. 4 Portionen

- 800 g Wildkräuter (z. B. Sauerampferblätter, Löwenzahnblüten und -blätter, Vogelmieretriebe mit Blüten und Blättern, Gierschblätter, Brennnesselblätter, Gänseblümchenblüten und -blätter, Spitzwegerichblätter, Knoblauchsraukeblüten und -blätter)
- 1 kleine Zwiebel
- 20 g Butter
- 200 g Quark
- 100 g fein geriebener Parmesan
- 2 Eier
- Salz, Pfeffer
- Muskat
- 200 g Mehl

Die frischen Kräuter gut von Verunreinigungen befreien, waschen und trocken tupfen. Die Zwiebel grob hacken. Butter in einen großen Topf geben und die Zwiebeln darin glasig dünsten. Die Wildkräuter dazugeben, leicht andünsten und danach pürieren. Die Masse etwas abkühlen lassen.

In einer großen Schüssel den Quark cremig rühren und die Hälfte des Parmesans untermischen. Die gedünsteten Wildkräuter und die Eier in die Quark-Käse-Masse einrühren. Anschließend die Masse mit Salz, Pfeffer und Muskat abschmecken. Nun wird nach und nach das Mehl in die Masse eingearbeitet bis der Teig glatt wird.

In einem großen Topf ca. 2 l Wasser aufkochen lassen und salzen.

Aus der Teigmasse mit zwei Esslöffeln Nocken abstechen und ins Wasser geben. Bei geringerer Temperatur im leicht siedenden Wasser die Nocken ziehen lassen, bis sie an der Oberfläche schwimmen. Nun die Nocken mit einem Schöpflöffel herausheben und abtropfen lassen. Zum Schluss die Nocken auf einer Platte anrichten und mit dem restlichen Parmesan bestreuen.

Tipp

Dieses Gericht eignet sich als Beilage zu einem Hauptgericht. Es kann aber auch nur zu einem grünen Salat gereicht oder mit Pesto genossen werden. Wer möchte kann Tomatensauce oder nur Butter dazugeben.

BLÜMCHENREISSALAT

Wildkräuter finden sich das ganze Jahr über und in den Sommermonaten vor allem ihre Blüten, die als die unangefochtenen Stars in der Kräuterküche gelten. Viele Blüten sind nicht nur schön, sondern auch essbar und schmecken gut. So lassen sich im Juni, Juli und August herrliche Gerichte mit besonderem mediterranem Flair zubereiten. Es wäre schade, sich die Genüsse, die uns der Sommer bietet, entgehen zu lassen. Nicht nur Wildkräuterblüten können verwendet werden: Große, gelbe Blüten aus dem Garten wie von Kapuzinerkresse, Kürbis und Zucchini sind besonders dekorativ. Für diesen Salat werden viele verschiedene Blüten, wie sie gerade im Garten oder in Feld und Flur zu finden sind, verwendet.

Für 4 Portionen

Für den Blümchenreis:

500 ml Gemüsebrühe

200 g Wildreis

1 Eissalat (oder anderer fester Salat)

150 g Kirsch- oder Cocktailtomaten

150 g Hartkäse (grob gerieben oder in feinen Scheibchen)

2 Handvoll Blüten (z. B. Gänseblümchen, Veilchen, Kapuzinerkresse, Lungenkraut)

Für das Dressing:

50 ml Orangensaft

70 ml Apfelessig

2 Handvoll gemischte gehackte Kräuter (z. B. Basilikum, Giersch, Gundermann, Pimpinelle, Kerbel)

Salz, Pfeffer

½ TL Zucker

80 ml Olivenöl

Die Gemüsebrühe erhitzen und den Wildreis in die kochende Brühe einrühren. Bei schwacher Hitze garen lassen. Den Eissalat zerrupfen und waschen. Die Tomaten halbieren. Den abgetropften Reis, den Eissalat und die Tomaten mit dem Hartkäse in eine große Schüssel geben.

Für das Dressing Orangensaft, Apfelessig und fein gehackte Kräuter in eine Schüssel geben und gut verrühren. Das Dressing mit Salz, Pfeffer und Zucker abschmecken und zum Schluss das Olivenöl dazurühren. Das fertige Dressing über den Salat gießen und vermischen. Den Reissalat mit den Blüten dekorieren.

Tipp ★

Dieser Salat eignet sich hervorragend als Mitbringsel für eine Gartenparty oder ein Buffet. Mit den Blüten als Deko sieht er einfach toll aus.

Rezept von Rita Vitt

Rezept von Walburga Schillinger

ENDIVIEN-RUCOLA-SALAT MIT KARTOFFELDRESSING

Die Bezeichnung Rucola stammt ursprünglich aus dem Italienischen. Unter dem Namen Rucola verbergen sich zwei verschiedene Pflanzen. Zum einen die milde Salatrauke (Eruca sativa) *und die scharfwürzige, wilde Rauke* (Diplotaxis tenuifolia). *Letzterer, der Schmalblättrige Doppelsame, auch Stinkrauke genannt, war in der heimischen Küche schon früher bekannt, geriet aber in Vergessenheit. Er kommt im Kaiserstuhl und im Oberrheingebiet wild wachsend vor und heute ist diese Pflanzenart aus der Familie der Kreuzblütler wieder in aller Munde.*

Für 4 Portionen

- 2 große mehlig kochende Kartoffeln
- ½ Endivienkopf
- 1 Apfel
- 1 Handvoll Blätter von der milden Salatrauke oder der wilden Rauke
- 1 Zwiebel
- 2 EL Rapsöl
- ca. 50–100 ml Kräuterbrühe (Rezept siehe Seite 59)
- 3 EL weißer Balsamicoessig
- 1 TL Senf
- Salz, Pfeffer
- 2 EL Sonnenblumenöl

- Die Kartoffeln mit Schale in wenig Wasser weich kochen.
- Endivienblätter einzeln und noch ungeschnitten waschen, abtropfen lassen und erst dann in ca. 5 mm breite Streifen schneiden. Dann in eine große Schüssel geben. Den Apfel entkernen, in kleine Stifte schneiden und zum Salat geben.
- Den Rucola waschen, abtropfen lassen und beiseite stellen. Zwiebel schälen, fein würfeln und in Rapsöl glasig dünsten. Mit Brühe und Essig ablöschen und ca. 2 Minuten leicht köcheln lassen.
- Die gegarten Kartoffeln schälen und durch eine Kartoffelpresse in die Marinade drücken. Mit Senf, Salz und Pfeffer kräftig abschmecken. Das Sonnenblumenöl zum Dressing geben und gut verrühren. Zum Schluss das fertige Dressing über den Salat gießen und gut vermischen. Den Salat anrichten und mit Rucolablättern garnieren.

Tipp

Die Kartoffeln im Dressing nehmen viel Salz auf. Daher vorsichtig salzen, aber auch nicht zu wenig.

FEURIGER TOMATEN-MINZE-SALAT

In Mitteleuropa gibt es verschiedene wild wachsende Minzearten. Am bekanntestes sind die Wasserminze (Mentha aquatica), *die Ackerminze* (Mentha arvensis) *und die Rossminze* (Mentha longifolia). *Sie sind im Jungstadium nicht sehr gut zu bestimmen und daher ist Vorsicht geboten, um nicht die unangenehm riechende Rossminze zu erwischen. Die bekannteste Minzeart ist die Pfefferminze* (Mentha × piperita), *die nur noch als kultivierte Pflanze, oft wild wuchernd in unseren Gärten zu finden ist.*

Für 4–6 Portionen

- 750 g Tomaten
- 1 kleine Zwiebel
- 4 Stängel Minze (Blüten können zum Dekorieren mit verwendet werden)
- 2 EL Minzessig
- ½ TL Kräutersalz nach Geschmack
- Pfeffer, Chilipulver
- 3 EL Olivenöl
- 100 g Feta-Käse

- Die Tomaten waschen und in Spalten schneiden. Die Zwiebel in kleine Würfel schneiden. Die Minze waschen, trocken tupfen, die Blätter abzupfen und grob hacken.
- Für das Dressing Minzessig, Kräutersalz, etwas Pfeffer und Chilipulver kräftig verrühren und dann das Olivenöl unterschlagen.
- Tomatenspalten und Minze in eine Schüssel geben und das Dressing darübergießen. Zum Schluss den Feta-Käse zerbröseln und über den Salat streuen. Den Salat mit Minzeblüten dekorieren.

Tipp

Ein Tomatensalat mit frischer Minznote – wunderbar für heiße Sommertage.

Rezept von Marina Westermann

Rezept von Michaela Hagen

GURKENSALAT MIT GUNDERMANN

Den Gundermann, auch Gundelrebe genannt, hat schon fast jeder gesehen. Er wächst überall in naturbelassenen Ecken, unter Hecken und zwischen Beerensträuchern. Er kann gezielt als Bodendecker genutzt werden, so ist jederzeit ein Vorrat für die Wildkräuterküche zur Hand. Gundermann ist mit den bekannten Würzkräutern Salbei, Thymian und Minze botanisch verwandt und lässt sich wie diese verwenden.

Für 4 Portionen

- 1 Salatgurke
- 1 Apfel
- 1 Zwiebel
- 2 EL Gundermannblättchen
- 1 Handvoll Rosetten vom Gartenschaumkraut
- 2 EL Naturjoghurt
- 2 TL Honig
- 1 TL Zitronensaft
- Kräutersalz

Salatgurke und Apfel in kleine Würfel schneiden. Die Zwiebel fein hacken. Die Gundermannblättchen gut waschen. Das Gartenschaumkraut gut waschen und mit den Gundermannblättchen fein hacken (evtl. einige Gartenschaumkrautrosetten zur späteren Dekoration beiseite legen).

Aus Naturjoghurt, Honig und Zitronensaft ein Dressing herstellen und dieses mit Kräutersalz abschmecken. Die Kräuter in das Dressing rühren und dann mit Apfel, Gurke und Zwiebel in einer großen Schüssel mischen. Zum Anrichten mit Gundermannblättchen oder Gartenschaumkrautrosette dekorieren.

Tipp

Anstelle des Gartenschaumkrauts kann auch das Wiesenschaumkraut oder Bittere Schaumkraut genommen werden.

GRÜNER SALAT MIT LÖWENZAHN UND WIESENGARNITUR

Für diesen Salat werden Blätter und Blüten von Wildpflanzen, die gerade zu finden sind, verwendet. Als Hauptbestandteil können z. B. junge Triebe von Wiesenlabkraut, Wilder Möhre, Weißklee, Rotklee, Giersch, Wiesenschaumkraut, Wildem Majoran (Dost, Oregano), Wiesensalbei, Schafgarbe, Gänseblümchen, Taubnessel und Spitzwegerich verwendet werden. Löwenzahnblätter schmecken zwar bitter, sind aber warm gewaschen ein besonderer Genuss. Auch junge frische Baumblätter von Birke, Buche oder Linde können zum Salat gegeben werden. Baldrianblätter sind bitter und sollten nur vorsichtig verwendet werden. Zum Dekorieren können dann noch essbare Blüten dienen.

Für 4 Portionen

Für den Salat:

- 1 kleiner, grüner Blattsalat
- 2 Handvoll Wildpflanzenkraut
- 1 Handvoll Löwenzahnblätter
- 1 Handvoll Blüten zur Dekoration

Für das Dressing:

- 4 EL Apfelessig
- 2 EL Apfelsaft
- ½ TL Zucker
- Salz, Pfeffer
- 4 EL Öl

Den Blattsalat verzupfen. Die Wildkräuter und den Löwenzahn von Verunreinigungen befreien, gut waschen und klein schneiden. Salat, Wildkräuter und Löwenzahn in eine große Schüssel geben.

Für das Dressing Apfelessig mit Apfelsaft mischen und Zucker dazugeben. Mit Salz und Pfeffer abschmecken und zum Schluss das Öl dazurühren. Das fertige Dressing über den Salat gießen, alles vermischen und zum Anrichten die Blüten darüberstreuen.

Tipp

Der Duft des Wiesensalbeis erinnert an Limetten und kommt in einem Salat oder in der Salatsoße besonders zur Geltung. Der pfeffrige Geschmack der Schafgarbe gibt einem Salat eine besondere Note.

Rezept von Rosa Beham

HAUPTSPEISEN

Rezept von Melanie Göppert

KRÄUTERDINKELKLÖSSE MIT GRÜNER SOSSE

Die Grüne Soße gibt es in vielen Ländern in unterschiedlichen Varianten. Traditionell ist die Frankfurter Grüne Soße eine kalte Kräutersoße, die auf der Basis von Schmand und saurer Sahne zubereitet wird. Es können auch noch Pflanzenöl und Eier dazugegeben werden. Gerne wird die Grüne Soße zu gekochtem Fleisch, Fisch, kaltem Braten oder Kartoffeln gereicht. Die Grüne Soße zu den Kräuterdinkelklößen ist eine abgewandelte Variante, die warm serviert wird.

Für 4 Portionen

Für die Kräuterdinkelklöße:

- 1 kleine Zwiebel
- 1 EL Rapsöl
- 15 g Kräuter (z. B. Blätter von Giersch, Brennnessel oder Spitzwegerich)
- 400 g Dinkelvollkornmehl
- 3 Eier
- 250 g Milch
- 100 g geriebener Käse
- Salz, Pfeffer
- 1,5 l Gemüsebrühe

Für die Grüne Soße:

- 1 kleine Zwiebel
- 15 g Kräuter (z. B. Blätter von Giersch, Brennnessel oder Spitzwegerich)
- 1 EL Rapsöl
- 150 g Sahne
- 75 g Speisestärke
- 100 ml kaltes Wasser
- Salz, Pfeffer

Für die Kräuterdinkelklöße die Zwiebel klein würfeln, in einer Pfanne mit Rapsöl glasig dünsten und auskühlen lassen. Die frisch gesammelten Kräuter waschen, trocken tupfen und auf einem Schneidebrett klein hacken. Dinkelmehl, Kräuter, Zwiebeln, Eier, Milch und geriebenen Käse in eine große Schüssel geben, mit einem großen Holzlöffel vermischen und mit Salz und Pfeffer würzen.

Aus den Zutaten einen festen, gut formbaren Teig kneten. Falls dieser zu fest wird, noch etwas Milch nachgießen. Wenn der Teig zu weich wird, noch etwas Mehl einkneten. Anschließend den Teig 1–2 Stunden ruhen lassen.

Nach dem Ruhen aus der Teigmasse kleine Klöße formen, in die kochende Gemüsebrühe geben und so lange sieden lassen, bis sie oben schwimmen. Die fertigen Klöße aus der Brühe nehmen und in einer Schüssel mit Deckel warm halten. Die Gemüsebrühe für die Kräutersoße beiseite stellen.

Für die Grüne Soße die Zwiebel in kleine Würfel schneiden. Die frisch gesammelten Kräuter waschen, trocken tupfen und auf einem Schneidebrett klein hacken. In einer Pfanne Zwiebelwürfel und Kräuter in Rapsöl dünsten, bis die Zwiebelwürfel glasig sind. Mit der Sahne unter Rühren ablöschen und mit der Gemüsebrühe auffüllen. Die Speisestärke mit kaltem Wasser anrühren und die Kräutersoße damit binden. Mit Salz und Pfeffer abschmecken. Die Kräuterdinkelklöße mit der Grünen Soße anrichten und servieren.

Tipp ★

Um Arbeitsschritte zu sparen, die Zwiebeln für die Kräuterdinkelklöße und die Grüne Soße gemeinsam vorbereiten und dünsten. Anschließend die Masse halbieren und jeweils weiter verarbeiten.

HIRSE-SONNENBLUMENKERN-KRÄUTERAUFLAUF

Bei vielen Wildkräutergerichten findet man als Angabe bei den Zutaten nicht einzelne Kräuter vor, sondern z. B. „Wildkräuter der Saison". Dies können dann sehr unterschiedliche Kräuter sein und je nach Mischungsverhältnis schmeckt das fertige Gericht immer etwas anders. Junge Taubnesseltriebe oder Taubnesselspitzen beispielsweise werden gern als Basiskraut eingesetzt. Man kann Taubnesseln ganzjährig ernten und aus den zarten Stängeln und den herb-aromatischen Blättern lassen sich delikate Gerichte herstellen. Die Blüten dienen frisch oder getrocknet zum Garnieren oder sogar zum Panieren von Fisch und Geflügel.

Für 4 Portionen

- 750 ml Gemüsebrühe
- 300 g Hirse
- 1–2 Bund Frühlingszwiebeln
- 1 kg Wildkräuter der Saison (z. B. Blätter von Giersch, Brennnessel, Taubnessel, Spitzwegerich, Gänseblümchen, Wilder Möhre oder Wiesenbärenklau und junge Triebe von Wiesenlabkraut oder Rotklee)
- 50 g Sonnenblumenkerne
- 3 Eier
- 200 g saure Sahne
- 2 EL Öl
- Kräutersalz
- 150 g geriebener Käse

- Gemüsebrühe zum Kochen bringen. Die Hirse kurz unter kaltem Wasser abspülen, in die kochende Gemüsebrühe einrühren und bei geringer Temperatur ca. 15 Minuten garen lassen.
- Inzwischen die Frühlingszwiebeln putzen und in feine Scheiben schneiden. Die Kräuter waschen und grob hacken. Die Sonnenblumenkerne ohne Fett anbräunen. Die Eier mit der sauren Sahne verrühren und die gehackten Kräuter dazugeben. Eine Auflaufform mit Öl gut ausfetten.
- Die gegarte Hirse mit den Frühlingszwiebeln und den Sonnenblumenkernen mischen, mit Kräutersalz abschmecken und in die Auflaufform geben. Über der Hirsemasse die Kräutermasse verteilen und zum Schluss mit dem Käse bestreuen. Im vorgeheizten Ofen bei 200 °C (Ober- und Unterhitze) ca. 30 Minuten backen.

Tipp ★

Zum Garnieren können noch ein paar Blüten darübergestreut werden.

Rezept von Marina Westermann

Rezept von Rosa Beham

MAULTASCHEN GEFÜLLT MIT BRENNNESSELN UND SCHAFSKÄSE IM KRÄUTERSÖSSCHEN

Für die Herstellung von Maultaschen gibt es verschiedene Techniken: das Ausrädeln einzelner Quadrate à la Ravioli, die Zubereitung mit der schnellen Klapptechnik (wie unten) oder die schnelle Variante mit der traditionellen Wickeltechnik. Auch die Füllungen der Maultaschen können unterschiedlich zubereitet werden – hier sind den Köchen keine Grenzen gesetzt.

Für 4 Portionen

Für die Maultaschen:

- 300 g Brennnesseln (junge Spitzen oder junge Blätter)
- 200 g Feta-Käse
- 1 Zwiebel
- 1 Ei
- 2 EL Olivenöl
- 1 EL Gemüsebrühe
- 1 EL Brennnesselsamen
- Salz, Pfeffer, Knoblauch
- 1 Packung Maultaschenteig (frisch oder gefroren)
- 1 Eiweiß
- 3 l Brühe
- 2 EL Butter

Für das Kräutersößchen:

- 1 Zwiebel
- 2 Handvoll Gänseblümchenblätter
- 2 Handvoll Gierschblätter
- 2 EL Sonnenblumenöl
- 500 ml Milch
- 1 EL Speisestärke
- Salz, Pfeffer, Muskat

Für die Maultaschen die Brennnesseln in einer Tüte gut kneten, damit die Brennhaare zerstört werden. Anschließend gut waschen und klein schneiden. Den Feta fein zerbröseln und die Zwiebel klein hacken. Alles in eine Schüssel geben und Ei, Olivenöl, Gemüsebrühe und Brennnesselsamen untermischen. Zum Schluss mit Salz, Pfeffer und Knoblauch abschmecken und gut verrühren.

Den Maultaschenteig auf einem Backbrett ausbreiten. Auf die eine Hälfte der Maultaschenteigfläche kleine Häufchen der Füllung im Abstand von ca. 3 cm setzen. Die Zwischenräume zwischen den Häufchen mit dem verquirlten Eiweiß bestreichen, anschließend die zweite Hälfte darüberlegen und den Teig in den Zwischenräumen am besten mit einem Kochlöffelstiel gut andrücken. Mit dem Rädel die Täschchen ausschneiden und die Ränder mit einer Gabel gut festdrücken.

Die Brühe erhitzen, die Maultäschchen in die kochende Brühe einsetzen und ca. 10 Minuten bei mittlerer Hitze ziehen lassen. Wenn sie leicht nach oben schwimmen, die Täschchen herausnehmen und abtropfen lassen. Vor dem Servieren noch kurz in Butter schwenken.

Für die Kräutersößchen die Zwiebel fein schneiden. Die Gänseblümchen- und Gierschblätter säubern, waschen und grob schneiden. Die Zwiebel in Öl andünsten, die geschnittenen Blätter dazugeben und andünsten. Mit 400 ml Milch ablöschen und kurz köcheln lassen. Anschließend den Sud mit dem Pürierstab pürieren. Die Speisestärke mit 100 ml Milch anrühren, an die Soße gießen und kurz aufkochen lassen. Bei Bedarf noch etwas eindicken lassen. Mit Salz, Pfeffer und Muskat abschmecken.

MIT UN-KRÄUTERN GEFÜLLTE PAPRIKA

Gefüllte Paprika sind in unserer Familie eine Leib- und Magenspeise. Die Wildkräuter sind schnell gesammelt und das Gericht lässt sich flott zubereiten. Im Sommer wachsen die Paprika bei uns im Garten und in den anderen Jahreszeiten kann man sie überall frisch kaufen. Dann können eingefrorene Kräuter gut verwendet werden. Eine beliebte Abwechslung zu typischen Wintergemüsearten.

Für 4 Portionen

- 1 l Wasser
- 250 g Reis
- 1 TL Salz
- 4 Paprika (unterschiedliche Farben)
- 4 Handvoll Wildkräuter der Saison
- 2 Zwiebeln
- 10 kleine Champignons
- 2–3 EL Olivenöl
- 1 EL Butter
- 200 g Sahne
- 100 g Crème fraîche
- 200 g pürierte Tomaten
- Salz, Pfeffer
- fein geschnittener Knoblauch, Senf, Kapuzinerkresse, Knoblauchsrauke oder andere Würzkräuter nach Belieben
- 200 g geriebener mittelalter Gouda

Das Wasser zum Kochen bringen, den Reis in das kochende Wasser einrühren und salzen. Den Reis bei kleiner Hitze quellen lassen. Die Paprika waschen, der Länge nach halbieren und entkernen. Die Wildkräuter gut waschen und klein schneiden. Die Zwiebeln in kleine Würfel schneiden. Die Champignons putzen und in kleine Stücke schneiden.

Olivenöl in einer Pfanne erhitzen und die vorbereiteten Zwiebeln, Pilze und Kräuter darin leicht andünsten. Alles mit dem gekochten Reis mischen und in die Paprikahälften füllen. Eine Auflaufform mit Butter ausfetten und die gefüllten Paprika hineinsetzen.

Aus Sahne, Crème fraîche und pürierten Tomaten eine Soße anrühren und mit Salz und Pfeffer kräftig abschmecken. Mit Knoblauch, Würzkräutern oder Senf kann die Soße nach Belieben noch verfeinert werden. Die Paprikahälften mit der Soße übergießen und den Käse darüberstreuen. Die Paprika im vorgeheizten Backofen bei ca. 200 °C (Ober- und Unterhitze) in ca. 25–30 Minuten backen und den Käse, falls nötig mit extra Oberhitze, schmelzen lassen.

Tipp ★

Mit Blüten, wie z. B. Malven oder Kapuzinerkresse, reichlich garniert wird das Gericht zur Augenweide.

Rezept von Bärbel Höfflin-Rock

Rezept von Monika Fischer

MONIKAS SCHWALBENNESTER

Dieses Gericht stammt aus meiner Kindheit. Immer zu Ostern half ich meiner Oma beim Sammeln der Brennnesseln und beim Zubereiten. Das Ausstechen der Kartoffelkügelchen durfte ich übernehmen – eine schöne Erinnerung.

Für 4 Portionen

Für die Schwalbennester:

- 4 Eier
- 500 g Spinat
- 500 g junge Brennnesseltriebe
- 2 Zwiebeln
- 1 Knoblauchzehe
- 6 EL Öl
- 4 dünne Kalbsschnitzel
- Salz, Pfeffer
- 4 magere Schinkenspeckscheiben
- Bindfaden zum Fixieren
- 2 TL Tomatenmark
- 2 TL Mehl
- 150 ml Wasser

Für die Kartoffelbeilage:

- 1 kg vorwiegend festkochende Kartoffeln
- 1 kleine Zwiebel
- 2 EL Essig
- ca. 50 ml Gemüsebrühe
- Salz, Pfeffer
- 2 EL Öl
- 1 EL Kräuter (Schnittlauch, Petersilie)

Für die Schwalbennester die Eier hart kochen und schälen. Die jungen Brennnesseltriebe in einer Tüte gut kneten, damit die Brennhaare zerstört werden. Spinat und Brennnesseln waschen und grob schneiden. Eine der zwei Zwiebeln in Würfel hacken, die Knoblauchzehe fein hacken und in einer Pfanne in 2 EL Öl andünsten. Den Spinat und die Brennnesseln dazugeben, kurz andünsten und beiseite stellen.

Die Kalbsschnitzel mit Salz und Pfeffer würzen. Auf jedes Kalbsschnitzel eine dünne Schicht ausgedrückte Brennnessel-Spinat-Mischung, eine Scheibe Schinkenspeck und ein Ei geben. Etwas Brennnesselspinat übrig lassen und beiseite stellen. Nun alles zusammenrollen und mit Bindfaden fixieren. In einer Pfanne 4 EL Öl erhitzen und die Rollen anbraten.

Die zweite Zwiebel fein hacken, zu den Rollen in die Pfanne geben und andünsten. Tomatenmark dazugeben und leicht anbraten. Mehl im kalten Wasser anrühren und unter Rühren in die Pfanne gießen. Soße mit Salz und Pfeffer abschmecken. Die Rollen in der Soße warm halten.

Für die Kartoffelbeilage die Kartoffeln waschen und kochen. Die ausgekühlten Kartoffeln schälen und aus einem Teil der Kartoffeln mit einem Kugelausstecher Kartoffelkügelchen ausstechen. Die übrigen Kartoffeln in Scheiben schneiden und in eine Schüssel geben. Die Zwiebel in Würfel hacken und über die Kartoffeln streuen. Essig und Gemüsebrühe darübergießen. Mit Salz und Pfeffer würzen und den Salat mischen. Zum Schluss das Öl über den Kartoffelsalat gießen, nochmals mischen und Kräuter darüberstreuen.

Vor dem Servieren können die Schnitzelrollen halbiert werden. Die Kartoffelkügelchen, den Kartoffelsalat, den restlichen Brennnesselspinat und die Soße mit den Rollen anrichten.

Tipp ★

Für dieses Gericht können übrige Ostereier gut verwertet werden.

SALBEISCHNITZELE

Manchmal soll es nicht nur vegetarisch sein. Dann stehen die Kräuter zwar nicht im Mittelpunkt, aber sie können dem Fleisch interessante Aromen verleihen. Der Echte Salbei oder Gartensalbei gibt ihm einen kräftigen, leicht kampferartigen Geschmack, der sich gerade durch das Braten im heißen Fett erst so richtig entfaltet. Aber braten Sie vorsichtig – wenn Salbei dunkel wird, schmeckt er bitter.

Für 4 Portionen

- 8 dünne Schnitzel vom Schweinerücken
- Salz, Pfeffer
- 8 Gartensalbeiblätter
- 8 Zahnstocher
- 4 EL Öl

- Die Schnitzel mit Salz und Pfeffer würzen. Die Salbeiblätter mit einem Zahnstocher auf die Schnitzel stecken.
- Das Öl in einer Pfanne erhitzen und die Schnitzel auf beiden Seiten anbraten. Mit einem Deckel zudecken und kurz ziehen lassen.

Tipp

Ein leckeres, schnelles Fleischgericht, das zu Gemüse der Saison, zu Nudeln oder zu Reis passt. Wer will, kann auch mit etwas Öl, Rosmarin und Salz gewürzte, im Ofen gebackene Kartoffelspalten dazu probieren.

Rezept von Ulrike Armbruster

Rezept von Walburga Schillinger

GRÜNE KRÄUTERKNÖPFLE MIT SAUREN MANGOLDSTIELEN

Mit seinen farbigen Blattstielen von Pink über Rot und Orange bis hin zu Weiß und Hellgelb ist Mangold ein herrlich buntes Gemüse. Stiele und Blätter können je nach Gericht verwendet werden. Kleine Mangoldblättchen werden schon ab März geerntet. Die Hauptsaison ist dann von Juni bis August und je nach Standort bis in den Herbst. Für den Wintervorrat lässt er sich gut einfrieren. Mangold ist eine Alternative zu Spinat und lässt sich schnell und unkompliziert verarbeiten.

Für 4 Portionen

Für die Knöpfle:

- 8 kleine Scheiben Toastbrot oder Brötchen
- ca. 250 ml Milch
- 1 kleine Zwiebel
- 1 EL Butterschmalz
- 4–5 Eier
- 5 große Triebe der Vogelmiere
- 3 Stängel Petersilie
- Salz, Pfeffer, Muskat
- evtl. etwas kaltes Wasser
- ca. 400 g Spätzlemehl

Für die sauren Mangoldstiele:

- 3–4 Mangoldstiele mit Blattspreite
- 1 kleine Zwiebel
- 40 g Butterschmalz
- 50 g gewürfelter Speck oder Speckkantenreste
- 60–70 g Mehl
- ¾ l Kräuterbrühe (von der Suppenherstellung, Rezept Seite 60)
- 2–3 EL dunkler Balsamicoessig
- Salz

Für die Knöpfle das Toastbrot oder die Brötchen klein schneiden und mit heißer Milch übergießen. Anschließend so lange stehen lassen, bis das Brot weich und die Milch aufgesogen ist. Die Zwiebel schälen, in kleine Würfel schneiden, in etwas Butterschmalz andünsten und über die Brotmasse geben. Aufgeschlagene Eier und gewaschene und gehackte Vogelmiere und Petersilie ebenfalls dazugeben. Nun alles mit einem Pürierstab pürieren und mit Salz und Gewürzen abschmecken. Die Teigmasse mit einem Knethaken kneten und nach und nach das Mehl dazugeben, bis ein luftiger, aber eher fester Teig entsteht.

Den Teig 10 Minuten quellen lassen, dann mit einem Teelöffel kleine Knöpfle abstechen und in kochendem Salzwasser ca. 5 Minuten ziehen lassen. Die Knöpfle mit dem Schaumlöffel aus dem Wasser herausnehmen und auf eine große Platte geben. Die fertigen Knöpfle am besten im Backofen warm halten und mit einem passenden Deckel zudecken.

Für die sauren Mangoldstiele den Mangold waschen, die Blattspreiten abschneiden und beiseite legen; evtl. wie bei Rhabarber die Stiele abziehen. Die Stiele in ca. 1 cm lange Stücke schneiden und in Salzwasser bissfest kochen.

Die Zwiebel klein hacken. In einem Topf Butterschmalz und Speck auslassen, die gehackte Zwiebel dazugeben und kurz mitdünsten. Dann Mehl darüberstreuen und so leicht anrösten, dass es eine schöne dunkle Farbe annimmt. Mit der Brühe zügig ablöschen und dabei kräftig rühren, bis eine sämige Masse entsteht. Diese Masse unter Rühren kurz aufkochen lassen. Falls die Soße zu dickflüssig ist, noch etwas Brühe nachgießen. Mit Essig und Salz abschmecken. Die gekochten Mangoldstücke dazugeben und anrichten.

SCHWEINELENDCHEN AUF WIESENKRÄUTER-KARTOFFEL-PFANNKUCHEN

Für den Wiesenkräuterbelag können gut junge Triebe des Wiesenlabkrauts genommen werden. Es kommt auf Wiesen häufig vor und kann daher üppig geerntet werden. Sein leicht scharfer Geschmack, der an den von jungen Erbsen erinnert, kommt roh in Salaten, in Aufstrichen oder in Pesto besonders gut zur Geltung. Als „Basiskraut" für die Wildkräuterküche eignet sich Wiesenlabkraut für Suppen, Wildgemüse und für Smoothies.

Für 4 Portionen

Für die Kartoffelpfannkuchen:

- 4 große, eher festkochende Kartoffeln
- 1 EL Mehl
- 1 EL Quark
- Salz
- 3 EL Butterschmalz

Für den Wiesenkräuterbelag:

- 500 g Wiesenkräuter der Saison (junge Triebe vom Wiesenlabkraut, Blätter von Giersch, Wiesensalbei oder Wiesenbärenklau)
- 100 ml Wasser
- Salz, Pfeffer, Muskat
- 1 EL Brennnesselsamen (siehe Seite 15)
- 1 EL Mehl
- 250 ml Milch

Für die Lendchen:

- 8 Schweinelendchen (ca. 800 g Filet)
- 3 EL Öl
- Salz, Pfeffer

Für die Kartoffelpfannkuchen die Kartoffeln kochen, pellen, reiben und in eine große Schüssel geben. Mehl, Quark und 1 TL Salz dazugeben und zu einem Teig verkneten. Aus dem Teig acht runde, flache Küchlein formen. Das Butterschmalz in einer Pfanne erhitzen und die Küchlein darin goldgelb ausbacken. Anschließend im Ofen warm stellen.

Für den Wiesenkräuterbelag einige Wiesenkräuter zur späteren Dekoration beiseite legen. Die übrigen Wiesenkräuter waschen und klein schneiden. In einen Topf geben und mit Wasser andünsten. Mit Salz, Pfeffer, Muskat und Brennnesselsamen würzen. Das Mehl darüberstäuben und mit der Milch unter Rühren ablöschen. Etwa 4 Minuten köcheln lassen, dann abschmecken und beiseite stellen.

Für die Lendchen das Filet in acht Stücke schneiden, flach andrücken und in einer Pfanne mit Öl anbraten. Anschließend mit Salz und Pfeffer würzen. Auf je ein Kartoffelküchlein ein Lendchen legen und mit den gekochten Wiesenkräutern garnieren. Die restlichen Kräuter als Beilage auf den Tellern verteilen.

Tipp ★

Zur Dekoration können noch junge Blätter vom Spitzwegerich oder Sauerampferblüten verwendet werden.

Rezept von Rosa Beham

Rezept von Rita Vitt

SOMMERLICHER GEMÜSEAUFLAUF MIT GIERSCH

Im Garten ist der Giersch sehr unbeliebt und viele versuchen ihn verzweifelt loszuwerden. Man isst ihn daher am besten einfach auf. Essbar sind Blätter, Blüten und Samen. Die jungen Blätter schmecken sehr aromatisch und erinnern an Möhre oder Petersilie. Als Basiskraut für die Wildkräuterküche ist Giersch vielseitig einsetzbar, z. B. als Würzkraut, in Salaten, Quiches, Gemüsepfannen, Suppen, Brotaufstrichen, Kräuterbutter oder Aufläufen.

Für 6 Portionen

- 500 g Gemüse (z. B. Zucchini, Aubergine, Kohlrabi, Kürbis)
- 6 Tomaten
- Salz, Pfeffer
- 2 Zwiebeln
- 3 Knoblauchzehen
- 1 Bund Gierschblätter (oder auch Radieschenblätter, Fenchelgrün, Petersilie)
- 3 Scheiben Toastbrot
- 2 TL Stärkemehl
- 250 ml Buttermilch
- ½ Handvoll Gundermann
- 4 Gartensalbeiblätter

- Das Gemüse waschen und in feine Streifen schneiden oder hobeln. Tomaten in Scheiben schneiden und abwechselnd mit dem Gemüse in eine Auflaufform schichten. Dazwischen mit Salz und Pfeffer würzen.
- Die Zwiebeln in Ringe schneiden, den Knoblauch auspressen und beides auf dem Gemüse verteilen. Die frischen Gierschblätter in Streifen schneiden und ebenfalls auf dem Gemüse verteilen. Das Brot würfeln und über den Auflauf streuen.
- Stärkemehl in Buttermilch anrühren und mit Salz und Pfeffer abschmecken. Gundermann und Salbeiblätter waschen, fein schneiden, in die angerührte Buttermilch geben und alles über den Auflauf gießen. Den Auflauf bei 180 °C (Umluft) im Backofen 30–45 Minuten backen.

Tipp ★

Dieses Gericht eignet sich hervorragend, um Gemüsereste zu verwerten. Ein wunderbares frisches Sommergericht.

WIESENBÄRENKLAU-KUCHEN

„Ist der Stängel kantig, rau, ist es Wiesenbärenklau." Im Gegensatz zum Stängel ist das gefiederte Blatt jedoch dicht und weich behaart. Diese Blätter sind ein ergiebiges Basisgemüse für die Wildkräuterküche. Hier ist der Wiesenbärenklau vielseitig einsetzbar und kann vom Frühjahr bis in den Spätherbst geerntet werden. Vorsicht ist jedoch bei der Ernte geboten, da er mit giftigen Verwandten aus der Familie der Doldenblütler verwechselt werden kann, z. B. mit der Hundspetersilie, dem Gefleckten Schierling oder der fototoxischen Herkulesstaude.

Für 6 Portionen bzw. eine Springform mit Ø 26 cm

- 1 kg Wiesenbärenklaublätter
- 2 l Wasser
- Salz
- 100 g weiche Butter
- 3 Eier
- 250 g Magerquark
- 125 g Sahne
- 150 g Mehl
- 3 EL Grieß
- ½ TL Salz
- 1 Msp. geriebener Muskat
- 1 TL Butter
- 1 EL Semmelbrösel
- 100 g frisch geriebener Emmentaler
- 50 g Semmelbrösel

Den Wiesenbärenklau waschen und abtropfen lassen. Blattstiele von den Blattspreiten trennen und die harten Kanten abschneiden. Die Blätter in schmale Streifen und die Stiele in kurze Stücke schneiden. In einem großen Topf ca. 2 l Wasser erhitzen, salzen und darin den Wiesenbärenklau ca. 3 Minuten blanchieren. Den Wiesenbärenklau herausnehmen, gut abtropfen und auskühlen lassen.

Den Backofen auf 200 °C (Ober- und Unterhitze) vorheizen. Die weiche Butter schaumig rühren, Eier, Quark, Sahne, Mehl und Grieß dazugeben und mit Salz und Muskat abschmecken. Den blanchierten Wiesenbärenklau ausdrücken und unter die Masse mischen.

Eine Springform mit Butter einfetten und mit Semmelbröseln ausstreuen. Die Wiesenbärenklaumasse in die Form füllen und glatt streichen. Emmentaler mit Semmelbröseln mischen und auf den Kuchen streuen. Im vorgeheizten Ofen ca. 40–50 Minuten auf mittlerer Schiene backen. Eventuell gegen Ende der Backzeit den Kuchen mit Backpapier abdecken, damit er oben nicht zu dunkel wird.

Tipp ★

Im Frühling kann ein Löwenzahnsalat oder ein gemischter grüner Salat mit Knoblauchsrauke und Giersch dazu serviert werden.

Rezept von Marianne Prammer

Rezept von Michaela Hagen

WILDGEMÜSE-LASAGNE

Lasagne ist ein beliebtes, leckeres Gericht. Diese Wildgemüse-Lasagne kommt ganz vegetarisch daher. Es werden Wildgemüse der Saison verarbeitet, die gerade im Garten oder an Wegesrändern und auf Wiesen wachsen. 1 Handvoll Kräuter entsprechen ca. 20 g. 1 Gefrierbeutel (17 cm × 30 cm) voll Kräuter entsprechen ca. 100 g. Um den Überblick zu behalten, sollten die Kräuter möglichst getrennt gesammelt und aufbewahrt werden. Hierzu eignen sich z. B. kleine Döschen oder Beutel (Gefrierbeutel). Für die Verarbeitung sind die Kräuter dann schnell zur Hand und müssen nicht mühselig aussortiert werden.

Für 6 Portionen

- 200 g Wildgemüse (z. B. Blätter von Bärlauch, Brennnessel, Giersch oder Wiesenlabkraut und Triebe der Vogelmiere)
- 200 g Blattspinat
- 1 Stange Lauch
- 3 Zwiebeln
- 8 EL Olivenöl
- 3 EL starkwürzige Gemüsebrühe
- Kräutersalz, Muskatblüte, Galgant, Schabzigerklee, Pfeffer
- Saft von ½ Zitrone
- 1 l passierte Tomaten (2 Päckchen)
- 100 g Tomatenmark
- 1 EL Mischung aus Wildem Majoran, Quendel (oder Thymian), Rosmarin
- Pfeffer, Kräutersalz
- 1 Becher Crème fraîche
- 500 g Lasagneblätter ohne Vorkochen
- 100 g gehackte Cashewnüsse
- 200 g geriebener Gouda

- Wildgemüse, Spinat und Lauch waschen und in Streifen schneiden. Die Zwiebeln klein hacken. Die Menge von zwei Zwiebeln in 4 EL Olivenöl andünsten, das Gemüse dazugeben und mit Gemüsebrühe ablöschen. Das Gemüse bei milder Hitze 5 Minuten garen. Mit Kräutersalz, Muskatblüte, Galgant, Schabzigerklee, Pfeffer und Zitronensaft herzhaft würzen.
- Für die Tomatensoße die Menge einer gehackten Zwiebel in Olivenöl andünsten, die passierten Tomaten und das Tomatenmark zugeben. Mit Wildem Majoran, Quendel (oder Thymian), Rosmarin, Pfeffer und Kräutersalz abschmecken und Crème fraîche unterrühren.
- Den Boden einer Auflaufform mit Tomatensoße bedecken und mit ungekochten Lasagneplatten auslegen. Mit Gemüsemischung und etwas Tomatensoße bedecken und in dieser Reihenfolge weiter aufschichten. Die letzte Schicht mit Gemüsemischung und etwas Tomatensoße beenden und mit den gehackten Cashewnüssen und dem Gouda bestreuen.
- Bei 180 °C (Ober- und Unterhitze) im Backofen 40–50 Minuten backen. Aus dem Ofen nehmen und etwas abkühlen lassen, damit die Lasagne gut aufgeschnitten werden kann.

Tipp ★

Wer keinen Spinat mag, kann diesen auch durch Giersch und Brennnesseln ersetzen. Die Lasagneplatten müssen gut mit Flüssigkeit bedeckt sein. Falls der Käse zu schnell dunkel wird, am besten die obere Schicht mit Alufolie abdecken.

GIERSCH-SPINATFRÖSCHE

Giersch ist nicht nur ein vielseitiges Wildgemüse, sondern auch eine wichtige Heilpflanze in der Volksmedizin. Im Volksmund als Zipperleinkraut bekannt, weist auch sein lateinischer Name (Aegopodium podagraria) *auf seine Heilkraft bei rheumatischen Beschwerden, Gicht und Arthrose hin (Gicht = Podagra). Äußerlich und innerlich angewendet ist der Giersch eine Wohltat. Man kann nicht genug davon essen.*

Für 4 Portionen

- 2 Brötchen
- kaltes Wasser
- 48 große Spinatblätter (ca. 300 g)
- Salzwasser zum Blanchieren
- 150 g Giersch (oder Petersilie)
- 2 Zwiebeln
- 100 g Speckwürfel
- 500 g Hackfleisch
- 2 Eier
- Salz, Pfeffer
- Muskat
- ca. 24 Zahnstocher
- 4 EL Butter oder Kokosfett
- 250 ml Instantbrühe
- 2 EL saure Sahne

Die Brötchen würfeln und in etwas kaltem Wasser einweichen. Die Spinatblätter waschen, putzen, mit kochendem Salzwasser übergießen, sofort abtropfen lassen und auf einer nassen Arbeitsfläche ausbreiten. Den Giersch waschen, trocken tupfen und fein schneiden. Die Zwiebeln in kleine Würfel hacken. Den Speck in einer Pfanne auslassen und die Zwiebeln und den Giersch darin glasig dünsten.

Das Hackfleisch in eine große Schüssel geben. Speck-Zwiebel-Giersch-Masse, ausgedrückte Brötchen und Eier dazugeben. Mit Salz und Gewürzen abschmecken und einen Hackfleischteig kneten.

Je zwei Spinatblätter übereinander legen, einen Esslöffel Hackfleischmasse daraufgeben, zusammenrollen und mit einem Zahnstocher fixieren. In einer Pfanne das Fett erhitzen und die Giersch-Spinatfrösche darin anbraten. Mit der Brühe ablöschen und ca. 15 Minuten zugedeckt ziehen lassen. Zum Verfeinern kann zum Schluss noch etwas saure Sahne dazugegeben werden.

Tipp

Auch die jungen Blätter der Wilden Möhre können in Spinatfröschen gut verarbeitet werden. Die Wilde Möhre ist wie der Giersch ein Doldenblütler und ihr Geschmack ist dem von Giersch und der Petersilie ähnlich.

Rezept von Barbara Kienzler

Rezept von Barbara Kienzler

PIKANTE KÄSEWAFFELN MIT BRUNNENKRESSE

Brunnenkresse gedeiht an seichten Stellen im fließenden Wasser und lässt sich nur schwierig anbauen. Es bleibt also fast nur das Sammeln in der freien Natur an Quellen oder in Gräben mit sauberem, langsam fließendem Wasser. Die Brunnenkresse wird mit ihrem mild-scharfen Geschmack von Feinschmeckern gerne verarbeitet. Sie eignet sich nicht nur für eine Kräutercreme, sondern auch für Salate und Suppen. Mit anderen Frühlingskräutern gemischt regt die Brunnenkresse den Stoffwechsel an und eignet sich hervorragend für eine Frühjahrskur.

Für 4 Portionen

Für die Käsewaffeln:

- 60 g Butter
- 4 Eier
- 4 EL Milch
- 1 TL Weinsteinbackpulver
- 60 g geriebener Käse
- 200 g Mehl

Für die Frischkäsecreme:

- 1–2 Handvoll Brunnenkresse
- 400 g Frischkäse
- 4 EL Sahne
- 2 TL Paprikapulver
- Salz

Für die Käsewaffeln die Butter bei Zimmertemperatur weich werden lassen. Die Eier in eine Rührschüssel aufschlagen, Milch, Weinsteinbackpulver, Käse und Butter einrühren, nach und nach das Mehl untermischen und die Mischung schaumig rühren. Mit dem Waffeleisen goldgelbe Waffeln backen.

Für die Frischkäsecreme die Brunnenkresse von Verunreinigungen befreien, waschen, trocken tupfen und fein schneiden. Frischkäse und Sahne verrühren, Brunnenkresse untermischen und mit Paprika und Salz würzen. Die Frischkäsecreme auf die Waffeln verteilen.

Tipp

Anstatt Brunnenkresse können auch Gartenkresse, Knoblauch-Schnittlauch (Schnittknoblauch) oder ähnlich würzige Kräuter verwendet werden.

WILDE QUICHE

Für die Wilde Quiche können Wildkräuter der Saison verwendet werden. Was sich eben finden lässt, wird gesammelt, so auch junge Triebe oder Blätter des Rotklees, die vom Geschmack her an Feldsalat oder Erbsengemüse erinnern. Man kann sie für Salat, Wildgemüse oder in Smoothies verwenden. Eine schöne, essbare Garnitur sind die Blüten des Rotklees. Ihr Geschmack ist mild und etwas süßlich und es werden gerne Sirup, Sommergetränke oder Desserts daraus zubereitet. Vorsicht ist jedoch geboten, da die Kleeblüten Isoflavonoide enthalten, die im Menschen wie das Hormon Östrogen wirken.

Für 1 Blech

Für den Teig:

- 320 g Mehl
- ½ Pck. Backpulver
- 1 Prise Salz
- 140 g Butter
- 2 Eier
- 1 EL Milch

Für den Belag:

- 400 g Wildkräuter der Saison (Blätter und junge Triebe z. B. von Wiesenbärenklau, Giersch, Rotklee, Wilder Möhre, Gutem Heinrich, Melde, Brennnessel oder andere Blatt- und Stängelwildgemüse)
- 2 l Wasser zum Blanchieren
- Salz
- 1 l Eiswasser
- 4 Eier
- 200 g saure Sahne
- Salz, Pfeffer
- 100 g geriebener Hartkäse

Mehl, Backpulver und Salz in eine Teigschüssel geben und gut durchmischen. Dann die Butter in kleinen Flocken dazugeben und gut verteilen. Zum Schluss eine Mulde formen, die Eier und die Milch hineingeben und daraus einen Teig kneten. Den fertigen Teig mindestens 30 Minuten kühl ruhen lassen.

In der Zwischenzeit die Kräuter waschen, trocken tupfen und in grobe Stücke schneiden. Zum Blanchieren der Kräuter ca. 2 l Wasser zum Kochen bringen. Das Wasser salzen und Eiswasser bereitstellen. Sobald das Wasser kocht, die Kräuter ganz kurz in das heiße Wasser tauchen. Anschließend kurz in das Eiswasser geben und dann abtropfen lassen.

Den Teig ausrollen und eine runde, gefettete Backform damit auslegen. Die Eier mit der sauren Sahne vermengen und mit Salz und Pfeffer würzen. Die Kräuter mit ⅔ der Eiermasse mischen und auf dem Teig verteilen. Zum Schluss die restliche Eiermasse darübergießen und mit dem Käse bestreuen. Im vorgeheizten Ofen bei 180 °C (Ober- und Unterhitze) ca. 20–30 Minuten backen bis die Quiche goldgelb ist.

Tipp ★

Zur Wilden Quiche passt ein Glas guter Wein oder ein Bier.

Rezept von Petra Rehm-Hug

DESSERTS

Rezept von Bärbel Höfflin-Rock

WIESEN-AFTER-EIGHT MIT GUNDERMANN

Das typische, fein ausgeprägte Aroma des Gundermanns erinnert an Minze und kommt gut in Süßspeisen zur Geltung. Mit Gundermann lassen sich wunderbar Eis, Sahne und Kuchen würzen. In Verbindung mit Schokolade und Honig ist dieses Kraut ein besonderer Genuss.

Für 40–50 Blättchen

40–50 Gundermannblättchen mit Stiel

ca. 50 g Halbbitter-Kuvertüre

Butterbrotpapier

- Große schöne Gundermannblättchen waschen, trocken tupfen und beiseite legen. Die Kuvertüre in ein kleines Marmeladenglas geben und im Wasserbad schmelzen.
- Zunächst mit einem kleinen Backpinsel eine Seite der Gundermannblättchen mit Kuvertüre bestreichen und auf dem ausgelegten Backpapier fest werden lassen. Nach dem Festwerden der Kuvertüre kann dann die andere Seite der Blättchen bestrichen werden.

Tipp ★

Die fertigen Blättchen kann man zur Dekoration von Süßspeisen oder Torten verwenden oder als besondere Köstlichkeit direkt genießen. Der Geschmack erinnert etwas an „After eight“.

Auf die gleiche Art können auch Blätter von Pfefferminze und Melisse oder Rosenblütenblätter zu leckerer Dekoration werden. Lavendelblütenrispen, Gänseblümchenknospen und viele andere Blüten sind ebenfalls geeignete Kandidaten. Auch die Schokolade kann dunkel, hell oder weiß sein.

LÖWENZAHNBLÜTENSIRUP ODER -GELEE AUF VANILLESCHAUM

Im Frühling verwandelt der Löwenzahn nicht nur grüne Wiesen, sondern auch viele Weinberge in gelbe Blütenteppiche. Jetzt ist es Zeit, seine Blütenköpfe zu ernten. Sie finden als süße Variante des Löwenzahns Verwendung in der Küche, z. B. zum Ansetzen des Löwenzahnblütensirups. Die Blüten werden am besten bei Sonnenschein geerntet. Die Blütenblätter in der Mitte des Blütenkörbchens sollten noch nicht zu stark aufgeblüht sein. Wer mag, kann zur Verarbeitung nur die gelben Blütenblättchen verwenden. Ich nehme die ganzen Köpfchen mit den grünen Hüllblättern. Dies macht weniger Arbeit, aber es sind nachher noch etwas Bitterstoffe im Sirup – lecker und gesund!

Für ca. 2,5 l Sirup bzw. Gelee und für 4 Portionen Vanilleschaum

Für Löwenzahnblütensirup oder -gelee:

- Löwenzahnblüten (ein 2-l-Gefäß locker mit Blüten gefüllt)
- 6 Zitronenscheiben (5 mm dick)
- 3 l Wasser
- 3 kg Zucker oder Gelierzucker (1 : 1)

Für den Vanilleschaum:

- 1 Vanilleschote
- 2 EL saure Sahne
- 1 EL Honig
- etwas Zitronensaft
- 250 ml Sahne

Zur Vorbereitung des Löwenzahnblütensirups und -gelees die Blütenköpfe von Verunreinigungen und Tierchen befreien und in einen großen Topf geben. Die Zitronenscheiben zu den Blüten geben. Das Wasser dazugeben und aufkochen lassen. Die Blüten mit einem Teller beschweren und den Topf mit einem Deckel zudecken. Den Ansatz, am besten über Nacht, kühl ziehen lassen. Die Blüten abseihen und den Auszugssaft für die Weiterverarbeitung beiseite stellen.

Für den Sirup den Auszugssaft mit dem Zucker ca. 1 ½ Stunden ganz sanft einkochen lassen (nicht zu heiß kochen). Gut gesäuberte Flaschen oder Twist-off-Gläschen im Wasserbad erhitzen und den heißen Sirup einfüllen. Mit dem Deckel sofort verschließen. Vor Licht, Kälte und hohen Temperaturen geschützt aufbewahren.

Für das Gelee den Auszugssaft mit dem Gelierzucker nach Vorschrift kochen und in Gläschen abfüllen.

Für den Vanilleschaum die Vanilleschote der Länge nach halbieren und das Mark auskratzen. Saure Sahne mit Honig, Zitronensaft und Vanillemark verrühren. Die Sahne steif schlagen und unter die Masse heben. In Portionsschalen anrichten und Löwenzahnblütensirup dazugeben.

Tipp ★

Der Löwenzahnblütensirup lässt sich zum Süßen von Tee oder zu Desserts verwenden. Mit Milch und Crushed Ice aufgemixt entsteht ein leckerer Löwenzahnmilchshake. Als sommerlicher Durstlöscher kann er auch einfach nur mit Mineralwasser aufgespritzt werden.

Rezept von Bärbel Höfflin-Rock

Rezept von Rosa Beham

BLÜTENJOGHURT MIT LÖWENZAHNBLÜTENGELEE

Dieses Rezept ist ein ganz einfaches und schnelles Dessert, das trotzdem kulinarisch eine Besonderheit ist. Das Löwenzahnblütengelee steht in unserer Vorratskammer (Herstellung siehe Seite 126) und ist damit immer zur Hand, und falls es keine Löwenzahnblütenblätter zum Dekorieren gibt, kann man auch andere schöne Blüten verwenden. Wie wäre es mit Veilchen?

Für 4–6 Portionen

500 g Naturjoghurt

200 ml Sahne

5 EL Löwenzahnblütengelee (siehe Seite 126)

1 Handvoll Löwenzahnblüten oder andere essbare Blüten zum Dekorieren

- Den Naturjoghurt mit der Sahne glatt rühren. Das Löwenzahnblütengelee unter die Joghurt-Sahne-Masse heben.
- In Portionsschalen abfüllen. Mit den abgezupften Löwenzahnblütenblättern dekorieren.

Tipp ★

Nicht nur Löwenzahnblütengelee, sondern auch andere Gelees können sehr gut für ein schnelles Dessert verwendet werden. Dieses Dessert eignet sich wunderbar als Mitbringsel für ein Büffet oder ein Picknick. Hierzu wird die Joghurt-Creme in kleine Geleegläschen mit Twist-off-Deckel (z. B. 200 ml) gefüllt und als Topping ein Klecks Gelee daraufgegeben. Mit dem fest zugeschraubten Deckel lässt sich das Dessert gut im Kühlschrank stapeln und später transportieren.

HUGOGELEE MIT MINZE

Schwarzen Holunder muss man einfach lieben. Seit alters her ist er durch Märchen und Legenden bekannt. Die Blüten und Früchte lassen sich zu kulinarischen Delikatessen verarbeiten, sind aber auch in der Volksheilkunde sehr geschätzt. Holunderblüten haben einen besonderen Duft, der an die Muskateller-Traube und Honig erinnert. Aus feinen Blütenauszügen lassen sich Holundersekt oder Holunderblütensirup herstellen. Beliebt ist der „Hugo". In diesem Rezept wird ein duftiges Dessert aus Holunderblütensirup zubereitet.

Für 4–6 Portionen

- 3 Holunderblütendolden
- 4 Blatt Gelatine
- etwas kaltes Wasser
- 125 ml Holunderblütensirup
- 500 ml Sekt
- etwas heißes Wasser
- 4–5 Stängel Minze (möglichst Marokkanische Minze)
- etwas Zucker zum Mörsern und Abschmecken
- 200 g Sahne
- Holunderdöldchen oder Minzblättchen zum Dekorieren

Holunderblütendolden von Verunreinigungen befreien und die kleinen Döldchen abzupfen. Die Gelatine nach Vorschrift in kaltem Wasser einweichen. Den Sirup, ⅔ der Holunderblüten und den Sekt in ein Gefäß geben. Die eingeweichte Gelatine ausdrücken und mit heißem, aber nicht kochendem Wasser auflösen. Die gut aufgelöste Gelatine vorsichtig unter die Holunder-Sekt-Mischung rühren, das Gelee in Portionsgläser abfüllen und gut abkühlen lassen.

In der Zwischenzeit Minzblättchen abzupfen, klein schneiden und mit Zucker mörsern. Zum Schluss die Sahne steif schlagen, die gemörserte Minze unterziehen und bei Bedarf noch mit etwas Zucker abschmecken. Die Minz-Sahne auf die Hugogelee-Portionen aufspritzen und mit kleinen Holunderdöldchen oder Minzblättchen dekorieren.

Tipp ★

Probieren Sie doch einmal zu diesem Dessert eine Muskateller-Spätlese aus dem Breisgau oder dem Kaiserstuhl-Tuniberg. Solche süßen Weine mit angenehmen Aromen von Muskat, gelber Grapefruit, Mango und Honigmelone korrespondieren hervorragend mit Süßspeisen.

Rezept von Barbara Kienzler

Rezept von Bärbel Höfflin-Rock

STEINKLEE-QUARKCREME ZU SOMMER-FRUCHTKALTSCHALE

Nicht jeder kennt Steinklee, aber man sollte ihn unbedingt kennenlernen. Den Echten Steinklee finden wir an warmen, steinigen und eher trockenen Böschungen und Wegrändern. Beim Trocknen der Blüten und Triebe entwickelt der Echte Steinklee einen vanilleähnlichen Duft. Er enthält wie der Waldmeister Cumarine und kann im Sommer als würdiger Nachfolger wie dieser zum Aromatisieren verwendet werden. Am besten man hält sich einen kleinen Vorrat von getrockneten Steinkleeblüten. Diese sind schnell zur Hand und können als Vanilleersatz verwendet werden.

Für 4 Portionen

Für die Steinklee-Quarkcreme:

200 g Sahne

2 EL getrocknete Steinkleeblüten

80 g Rohrzucker

1 Prise Salz

250 g Sahnequark

Für die Sommer-Fruchtkaltschale:

1 kg Obst (z. B. Sauerkirschen, Himbeeren, Brombeeren, Kirschen, Pfirsiche, Erdbeeren)

1 Stange Zimt

2–3 EL Zucker, je nach Geschmack auch mehr

2 TL Speisestärke, gehäuft

etwas Wasser

- Für die Steinklee-Quarkcreme die Sahne mit den Steinkleeblüten, Zucker und Salz aufkochen. Die Flüssigkeit auf 100 ml einkochen und etwas abkühlen lassen. Dann durch ein Haarsieb streichen, anschließend mit dem Sahnequark verrühren und abkühlen lassen.
- Für die Sommer-Fruchtkaltschale das Obst mit dem Saft (evtl. etwas Wasser zugeben) in einen Topf schütten. Die Zimtstange und den Zucker hinzugeben und aufkochen lassen. Die Speisestärke in etwas Wasser glatt rühren, in den Topf einrühren und kurz aufkochen lassen. Die fertige Fruchtkaltschale in Portionsschalen geben und gut im Kühlschrank abkühlen lassen.

Tipp ★

Die Steinklee-Quarkcreme schmeckt wunderbar zur Sommer-Fruchtkaltschale, aber auch zu anderen Fruchtdesserts – ein außergewöhnliches Geschmackserlebnis.

MÄDESÜSS-PANNA-COTTA

Das Mädesüß wird gerne als Königin der Wiese bezeichnet. Häufig wächst es auf feuchten Wiesen oder an Bachrändern und fällt mit seinen cremefarbenen, feinen Blütenrispen auf. Sein Name kommt von „Met süßen", was darauf verweist, dass früher dem Honigwein diese gerbstoffhaltige Pflanze zugesetzt wurde, um ihn zu aromatisieren und haltbar zu machen. Mädesüßblüten haben einen sehr starken Eigengeschmack, den nicht jeder mag. Es ist also anzuraten, die Menge der verwendeten Blüten vorsichtig auszuprobieren.

Für 4 Portionen

1 Handvoll Mädesüßblüten

400 ml Sahne

50 g Zucker

3 Blatt Gelatine

- Die gesammelten Blüten des Mädesüß von kleinen Insekten befreien, aber nicht waschen und ein paar Blütchen zum Dekorieren beiseite legen. Die Sahne mit dem Zucker erhitzen. Sobald sich der Zucker gelöst hat, die ganzen Mädesüßblüten in die Sahne legen und 10–15 Minuten auf niedrigster Temperaturstufe mitköcheln lassen.
- In der Zwischenzeit die Gelatine in kaltem Wasser einweichen. Nach dem Köcheln die Blüten herausnehmen. Die Gelatine aus dem kalten Wasser nehmen, in der noch heißen, aromatisierten Sahne auflösen und gut vermischen. Die warme Sahne in Portionsgläschen füllen, abkühlen lassen und im Kühlschrank kalt stellen.

Tipp ★

Zu Mädesüß-Panna-Cotta passt püriertes Beerenobst, z. B. aus Erdbeeren, Himbeeren und Johannisbeeren.

Rezept von Julia Teply-Szymanski

Rezept von Barbara Kienzler

Rezept von Christa Doll

MAMIS HEIDELBEERGENUSS

Im Schwarzwald wachsen in manchen Gebieten wilde Heidelbeeren. Schon immer war die Heidelbeere eine beliebte Waldfrucht und wurde sowohl in der Küche als auch in der Volksmedizin verwendet. Sie hat einen tollen, fruchtigen Geschmack und stärkt das Immunsystem. Als Kinder gingen wir in den Wald um diese zu pflücken und ein besonderes Erlebnis nach getaner Arbeit war „Mamis Heidelbeergenuss". In Naturschutzgebieten darf nicht gesammelt werden und in anderen Gebieten sollte dies nur für den eigenen Gebrauch und äußerst schonend erfolgen. Am besten kauft man die Beeren oder zieht sich selbst ein paar Sträucher.

Für 4–6 Portionen

- ca. 400 g Waldheidelbeeren
- etwas Zucker
- 200 ml Sahne
- ein paar Heidelbeerblättchen für die Dekoration

- Die Heidelbeeren gut waschen und auf Portionsschalen verteilen. Nach Geschmack mit Zucker bestreuen und die Sahne darübergießen.
- Zur Dekoration Heidelbeerblättchen darübergeben.

HOLUNDERKALTSCHALE

Beim Schwarzen Holunder lassen sich nicht nur die Blüten, sondern auch die Beeren zu wunderbaren Desserts und Getränken verarbeiten. Diese Holunderkaltschale passt gut zu Pudding, Eis oder Waffeln.

Für 4–6 Portionen

- 1 kg Holunderbeeren
- 750 ml Wasser
- 1 Zimtstange
- 3 ganze Nelken
- 2–3 EL Honig
- 250 ml Rotwein
- 1 gestrichener TL Agar-Agar

- Die Beeren waschen, mit einer Schere von den Stielen schneiden und in einen großen Topf geben. Mit dem Wasser, der Zimtstange und den Nelken aufkochen und auf der ausgeschalteten Herdplatte ca. 10 Minuten ziehen lassen. Anschließend die Gewürze entfernen und das Mus durch ein Sieb streichen. Mit Honig abschmecken, den Rotwein dazugeben und nochmals etwas erhitzen.
- Inzwischen das Agar-Agar nach Vorschrift in wenig kaltem Wasser anrühren und in die heiße Holundermasse einrühren. In Dessertschalen verteilen und kühl stellen.

SCHOKO-JOGHURT-CREME MIT PFEFFERMINZE

Pfefferminze ist zwar kein klassisches, heimisches Wildkraut, sie wächst aber in unseren Gärten und Töpfen in der Regel „wild". Sie lässt sich nicht gut zähmen und verbreitet sich eher dort, wo man sie nicht haben möchte. Hier hilft Verbrauchen. Nicht nur als Tee, sondern in vielen Gerichten kann die Pfefferminze zum Aromatisieren verwendet werden. Eine beliebte Kombination ist Schokolade und Pfefferminze, wie sie in unterem Rezept vorkommt.

Für 4–6 Portionen

200 g Vollmilchschokolade

200 g Naturjoghurt

200 ml Sahne

1 kleines Zweiglein Pfefferminze

- Die Schokolade in ein hohes Gefäß geben und im Wasserbad langsam schmelzen. Die flüssige Schokolade mit dem Joghurt verrühren und die Masse abkühlen lassen.
- Die Sahne schlagen und unter die Schokoladen-Joghurt-Masse heben. Zum Schluss die Pfefferminzblättchen abzupfen, gut waschen, trocken tupfen, 1 EL davon sehr fein schneiden und in die Crememasse geben. Die Masse in Portionsgläser füllen und bis zum Servieren kalt stellen.

Tipp ★

Etwas geschlagene Sahne und einige Pfefferminzblätter zum Garnieren zurückbehalten. Dieses Dessert eignet sich sehr gut als Resteverwertung von übrig gebliebener Schokolade, Osterhasen und Nikoläusen.

Rezept von Ulrike Armbruster

Rezept von Walburga Schillinger

SCHOKOLADENFLAMMERIE MIT BIRNENKOMPOTT UND ZUCKERBLÜTEN

Schokolade mit Birne geht immer! Auf vielen Streuobstwiesen im Schwarzwald oder in den Obstgärten nahe beim Haus finden sich noch alte, knorrige Birnbäume. Birnen sind nicht nur süß und lecker, sondern auch gesund. Manche alten Sorten werden erst nach der Lagerung richtig schmackhaft. Andere Sorten müssen dagegen schnell verarbeitet werden. Birnen werden gerne roh verzehrt. Für den Wintervorrat können sie aber auch gut eingeweckt oder zu „Birnenschnitzen" getrocknet werden.

Für 4 Portionen

Für die Schokoladenflammerie:

- 250 g Zartbitterschokolade
- 1 Päckchen Schokoladenpudding
- 1 EL Zucker
- 500 ml Milch
- 1 EL Nussnougatcreme
- 100 ml Sahne

Für das Birnenkompott:

- 4 reife Birnen
- ca. 100 ml Wasser
- 1 TL Zitronensaft
- 1 EL Birnenschnaps

Für die Zuckerblüten:

- 2 Handvoll Gewürztagetesblüten
- ca. 100 ml Wasser
- 100 g Zucker

Für die Schokoladenflammerie die Zartbitterschokolade fein reiben. Den Pudding nach Anweisung mit Zucker und Milch kochen. Die Nussnougatcreme und die Zartbitterschokolade zugeben und gut unterrühren. Die Puddingmasse abkühlen lassen. Beim Abkühlen immer wieder umrühren, damit sich keine Haut bildet. Die Sahne steif schlagen und unter die kalte Crememasse heben. Die Masse in Portionsgläser oder Schalen füllen und bis zum Servieren kalt stellen.

Für das Birnenkompott die Birnen schälen, in je vier Teile schneiden und das Kernhaus entfernen. Die Birnenstücke in einen Topf geben und das Wasser, den Zitronensaft und den Birnenschnaps dazugeben. Nun die Birnenstücke bei leichter Hitze kurz vorsichtig dünsten, damit sie nicht auseinanderfallen. Die Birnenstücke erkalten und abtropfen lassen und auf der Schokoladencreme anrichten.

Für die Zuckerblüten die Gewürztagesblüten einzeln abknipsen. Wasser und Zucker in einen Topf geben und erwärmen. Die Masse sollte sich gut auflösen, aber nicht kochen. Anschließend abkühlen lassen. Nun die Blüten in die Zuckerlösung tauchen und auf einem engmaschigen Konditorengitter kopfüber abtropfen lassen. Die Blüten gut trocknen lassen.

Tipp ★

Die trockenen Zuckerblüten lassen sich in einer Dose 3–4 Wochen aufheben. Die Gewürztagetesblüten können auch gut in einen beliebigen Sirup wie Holunderblüten- oder Pfefferminzsirup getaucht werden. Es eignen sich auch andere Blütenarten. Diese sollten aber möglichst flach sein (z. B. Veilchen, Vergissmeinnicht oder Stiefmütterchen).

ROTE-BETE-APFEL-POWER-DESSERT

Rote Bete ist aufgrund ihres hohen Vitamin-B-, Eisen-, Kalium- und Folsäuregehalts eine der gesündesten Gemüsesorten. Sie war schon bei den Römern bekannt und ist mit dem Mangold verwandt. Wie dieser reich an Oxalsäure, sollte sie in Maßen genossen werden. Rote Bete ist als Salat oder als Wintergemüse sehr beliebt. Mit diesem Rezept können wir eine Dessertvariante kosten.

Für ca. 6 Portionen

500 g frische Rote Bete

500 g süße Äpfel

50 g brauner Zucker

1 Prise Vanillepulver

1 Prise gemahlener Zimt

1 Prise Nelkenwurz-Pulver

200 ml Sahne

etwas Zucker

- Die rohen Rote Bete und die rohen Äpfel schälen, grob hacken und am besten mit dem Pürierstab zu feinem Mus verarbeiten. Braunen Zucker, Vanillepulver, Zimt und Nelkenwurz-Pulver zugeben und abschmecken. Die Masse in Portionsgläser abfüllen und gut kühlen.
- Vor dem Servieren die Sahne steif schlagen, nach Geschmack mit Zucker süßen und zum Rote-Bete-Apfel-Power-Dessert reichen.

Tipp ★

Herstellung von Nelkenwurz-Pulver: Die Pfahlwurzel der Nelkenwurz ist nach Regen leicht zu ernten. Mit einem Distelstecher geht es am besten. Sinnvoll ist die Ernte im Spätherbst, wenn die Pflanze ihre mit Widerhaken bewehrten Samen verteilt hat. Nachdem man die Wurzel von Erde gereinigt hat, schneidet man sie in kleine Stücke und lässt sie gut trocknen. Bitte nicht im Backofen oder Dörrapparat, sondern in einem warmen Raum einfach einige Tage stehen lassen. Dann werden die Wurzeln mit einer Kaffeemühle gemahlen und anstelle von Gewürznelken zu Heilzwecken oder zum Würzen von Süßspeisen genutzt.

Rezept von Christiane Denzel

SERVICE

AUF EINEN BLICK: PFLANZENNAMEN

Ackerminze	*Mentha arvensis*
Bärenklau, Wiesenbärenklau	*Heracleum sphondylium*
Bärlauch	*Allium ursinum*
Baldrian	*Valeriana officinalis*
Basilikum	*Ocimum basilicum*
Beifuß	*Artemisia vulgaris*
Brennnessel	
Große Brennnessel	*Urtica dioica*
Kleine Brennnessel	*Urtica urens*
Brunnenkresse	*Nasturtium officinale*
Doppelsame, Schmalblättriger	*Diplotaxis tenuifolia*
Dost	*Origanum vulgare*
Estragon	*Artemisia dracunculus*
Franzosenkraut	*Galinsoga parviflora*
Gänseblümchen	*Bellis perennis*
Gartenschaumkraut	*Cardamine hirsuta*
Gewürztagetes	*Tagetes tenuifolia*
Giersch	*Aegopodium podagraria*
Goldnessel	*Lamium galeobdolon*
Gundelrebe, Gundermann	*Glechoma hederacea*
Guter Heinrich	*Blitum bonus-henricus*
Heckendorn	*Prunus spinosa*
Heidelbeere	*Vaccinium myrtillus*
Holunder, Schwarzer	*Sambucus nigra*
Huflattich	*Tussilago farfara*
Kapuzinerkresse	*Tropaeolum*
Kerbel	*Anthriscus cerefolium*
Klatschmohn	*Papaver rhoeas*
Knoblauchsrauke	*Alliaria petiolata*
Knopfkraut, Kleines	*Galinsoga parviflora*
Königskerze	*Verbascum* sp.
Lavendel	*Lavandula angustifolia*
Löwenzahn, Gewöhnlicher	*Taraxacum officinale*
Lungenkraut	*Pulmonaria officinalis*
Mädesüß	*Filipendula ulmaria*
Majoran, Wilder	*Origanum vulgare*
Mangold	*Beta vulgaris*
Marokkanische Minze	*Mentha spicata* var. *crispa* 'Marokko'
Melde, Garten-	*Atriplex hortensis*
Meerrettich	*Armoracia rusticana*
Minze	
Ackerminze	*Mentha arvensis*
Marokkanische Minze	*Mentha spicata* var. *crispa* 'Marokko'
Pfefferminze	*Mentha × piperita*
Wasserminze	*Mentha aquatica*
Möhre, Wilde	*Daucus carota* subsp. *carota*
Nachtkerze, Gemeine	*Oenothera biennis*
Nelkenwurz, Echte	*Geum urbanum*
Oregano	*Origanum vulgare*
Pfefferminze	*Mentha × piperita*
Pimpinelle	*Sanguisorba minor*
Quendel, Gewöhnlicher Thymian	*Thymus pulegioides*
Rauke	
wilde Rauke	*Diplotaxis tenuifolia*
Salat-Rauke	*Eruca sativa*
Stinkrauke	*Diplotaxis tenuifolia*
Ringelblume	*Calendula officinalis*
Rose	*Rosa* sp.

Rosmarin	*Rosmarinus officinalis*
Rotklee; Roter Wiesenklee	*Trifolium pratense*
Rucola	*Diplotaxis tenuifolia*
Salbei	
Wiesensalbei	*Salvia pratensis*
Echter Salbei, Gartensalbei	*Salvia officinalis*
Sauerampfer, Wiesen-	*Rumex acetosa*
Schabzigerklee	*Trigonella caerulea*
Schafgarbe, Gewöhnliche	*Achillea millefolium*
Schlehe	*Prunus spinosa*
Schnittlauch	*Allium schoenoprasum*
Schwarzdorn	*Prunus spinosa*
Sonnenblume, Gewöhnliche	*Helianthus annuus*
Spitzwegerich	*Plantago lanceolata*
Tanne, Weiß-Tanne	*Abies alba*
Taubnessel	
Gefleckte Taubnessel	*Lamium maculatum*
Rote Taubnessel	*Lamium purpureum*
Weiße Taubnessel	*Lamium album*
Gewöhnliche Goldnessel	*Lamium galeobdolon*
Thymian	*Thymus vulgaris*
Vogelmiere, Gewöhnliche	*Stellaria media*
Veilchen, Wohlriechendes	*Viola odorata*
Wasserminze	*Mentha aquatica*
Wegwarte, Gewöhnliche	*Cichorium intybus*
Weißklee	*Trifolium repens*
Wiesenbärenklau	*Heracleum sphondylium*
Wiesenklee, Roter	*Trifolium pratense*
Wiesenknopf, Kleiner	*Sanguisorba minor*
Wiesenlabkraut	*Galium mollugo*
Wiesensalbei	*Salvia pratensis*
Wiesenschaumkraut	*Cardamine pratensis*
Wilde Möhre	*Daucus carota* subsp. *carota*
Wilder Majoran	*Origanum vulgare*

SCHNELL NACHGESCHLAGEN

ZUM WEITERLESEN

Aichele, Dietmar; Golte-Bechtele, Marianne; Spohn, Margot; Spohn, Roland: **Was blüht denn da? Sicher nach Farben bestimmen.** Verlag Franckh-Kosmos, Stuttgart 2008.

Armbruster, Ulrike: **Zaubern mit Kräutern, Folge 1, 2 und 3.** Selbstverlag Armbrusters Hof, Berghaupten 2012–2017.

Beiser, Rudi: **Unsere essbaren Wildpflanzen – Bestimmen, sammeln und zubereiten.** Verlag Franckh-Kosmos, Stuttgart 2014.

Bergmann, Heide; Armbruster Ulrike: **Wildkräuter aus Topf & Garten – Grüne Kraft pflanzen und genießen.** Verlag Eugen Ulmer, Stuttgart 2018.

Bocksch, Manfred: **Das praktische Buch der Heilpflanzen – Kennzeichen, Heilwirkung, Anwendung, Brauchtum.** Verlag BLV Buchverlag, München 2007.

Bühring, Ursel: **Blütenküche – farbenfroh, dekorativ, lecker.** Verlag Eugen Ulmer, Stuttgart 2009.

Busch, Marlies: **Wildkräuter – frisch, würzig, wohltuend.** Verlag Eugen Ulmer, Stuttgart 2008.

Dumaine, Jean-Marie: **Meine Wildpflanzenküche.** AT Verlag, Baden und München 2006.

Dumaine, Jean-Marie: **Kochen mit Wildpflanzen.** AT Verlag, Baden und München 2008.

Fitter, Richard; Fitter, Alastair; Blamey, Majorie: **Pareys Blumenbuch: über 2500 Arten in 3200 Farbzeichnungen.** Verlag Franckh-Kosmos, Stuttgart 2007.

Fleischhauer, Steffen; Guthmann, Jürgen; Spiegelberger, Roland: **Essbare Wildpflanzen – 200 Arten bestimmen und verwenden.** AT Verlag, Baden und München 2007.

Fleischhauer, Steffen; Spiegelberger, Roland; Gassner, Claudia: **Blatt für Blatt – Über 800 Pflanzen nach Blattformen und Blüten einfach bestimmen.** AT Verlag, Aarau und München 2017.

Freygang, Regina: **Bärlauch und Rucola.** Verlag Gräfe und Unzer GmbH, München 2008.

Klemme, Brigitte; Lottermoser, Ria: **Geliebte Wildkräuterküche.** Südwest Verlag, München 2010.

Lüder, Rita; Lüder, Frank: **Wildpflanzen zum Genießen... für Gesundheit, Küche, Kosmetik und Kreativität.** Verlag kreativpinsel, Neustadt 2012.

Rehm-Hug, Petra; Westermann, Marina: **Haltbare Kräuter-Produkte. 100 Rezepte für Direktvermarkter – von Kräutersalz bis Kosmetik.** Verlag Eugen Ulmer, Stuttgart 2019.

Rinklin, Christa: **e wengili vu' dem un' sellem.** Lavori Verlag, Freiburg 2009.

Rothmaler, Werner: **Exkursionsflora von Deutschland – Gefäßpflanzen: Atlasband.** Spektrum Akademischer Verlag GmbH, Heidelberg Berlin 2000.

Schauer, Thomas; Caspari, Claus: **Der BLV Pflanzenführer für unterwegs: 1150 Blumen, Gräser, Bäume und Sträucher.** Verlag BLV Buchverlag, München 2005.

Schillinger, Walburga; Pohse, Charlotte: **Bauerngartenglück – Ernten und genießen rund ums Jahr.** Verlag Eugen Ulmer, Stuttgart 2019.

Wurft, Monika: **Mein Wildkräuterbuch – 30 essbare Pflanzen entdecken, sammeln & genießen.** Verlag Eugen Ulmer, Stuttgart 2017.

DANKSAGUNG

Ein herzliches Dankeschön möchte ich an alle richten, die mich bei der Entstehung dieses Buches unterstützt haben.

Mein besonderer Dank aber gilt:

★ Den Kräuterfrauen und Institutionen, die meine Ausbildung zur Kräuterpädagogin ermöglicht haben. Hier wurde der Grundstein für unser Netzwerk „Bauerngarten- und Wildkräuterland Baden e. V." gelegt.

★ All den wunderbar kreativen Powerfrauen im Verein. Die fruchtbare Zusammenarbeit mit ihnen hat bereits zu vielen Projekten geführt und so auch zu diesem Buch. Ihre Vielfältigkeit und ihr Ideenreichtum, ihr freundlicher und herzlicher Umgang bereichern mich immer wieder.

★ All den Kräuterfrauen, die mir ihre Rezepte für dieses Buch zur Verfügung gestellt haben. Es macht viel Freude mit ihnen zu arbeiten – ein extra Dank dafür.

★ Den Mitarbeiterinnen und Mitarbeitern vom Ulmer-Verlag, die mit Freundlichkeit, Geduld und Kompetenz an dem vorliegenden Buch mitgearbeitet haben.

★ Der Fotografin, die alle Gerichte nachgekocht und liebevoll künstlerisch in Szene gesetzt hat – ein Augenschmaus.

★ Meiner Mutter, die immer ein verständnisvolles Ohr hat und mich immer, auch beim Kräuterschnippeln, unterstützt. Sie hat mir ihre Liebe zum Kochen und zu den Kräutern weitergegeben.

★ Meinen Kindern Elena und Tilman, die mit dem Duft und Geschmack von Kräutern aufgewachsen sind. Sie begleiten mich oft bei meinen Touren und beim Kräutersammeln und helfen mir, wo immer es nötig ist.

★ Meinem Mann Hansjörg Rock, der mit mir die Leidenschaft für Natur, Garten und Pflanzen teilt und meine Kräuterideen und Projekte unterstützt.

ÜBER DIE KRÄUTERFRAUEN

Bärbel Höfflin-Rock ist Diplom-Geografin, Kräuterpädagogin, Dozentin und Gästeführerin. Mit ihrem Mann betreibt sie einen Winzerbetrieb in Freiburg-Waltershofen mit Ferienwohnungen. Schon als Kind entdeckte sie ihre Leidenschaft für Wildpflanzen beim Sammeln im elterlichen Weinberg. Durch ihr Studium und die lange Tätigkeit als selbstständige Unternehmerin im Umweltforschungsbereich hat sie einen engen Bezug zur Landschaft und Region. In ihrer Ausbildung zur Kräuterpädagogin vertiefte sie ihre botanischen Kenntnisse und ergänzte ihr Pflanzenwissen bei Weiterbildungen in Volksheilkunde, Kräuteranbau und zur Gesundheit aus dem Bauerngarten in Richtung Heilkunde. Bei ihrer Arbeit als Vorstandsmitglied des Netzwerks „Bauerngarten- und Wildkräuterland Baden e.V." engagiert sich Bärbel Höfflin-Rock für die Weitergabe von traditionellem und modernem Pflanzenwissen. Als Stadtführerin in der Region Freiburg i. B. erklärt sie gerne die kulturellen Besonderheiten und als Kaiserstühler Gästeführerin ist sie gewohnt, die Menschen für die Natur und deren Erhalt sensibel zu machen. Der Weinbau und die Artenvielfalt in den Weinbergen liegen ihr als Winzerin und Weinerlebnisführerin besonders am Herzen. Dabei seht für Bärbel Höfflin-Rock im Vordergrund „mit offenen Augen durch die Region und Natur zu gehen", was fast schon etwas von einer Schatzsuche hat. Heute gibt sie ihr vielfältiges Wissen bei Gästeführungen und Busbegleitungen, Wanderungen, erlebnispädagogischen Veranstaltungen oder bei Kochkursen und Workshops mit Begeisterung weiter.

www.rebberg.de

Ulrike Armbruster ist Bäuerin, Kräuterpädagogin und Meisterin der ländlichen Hauswirtschaft. Bei den zahlreichen Veranstaltungen auf ihrem Hof in Berghaupten im Kinzigtal im Schwarzwald vermittelt sie den Teilnehmenden Wissen über Wildkräuter und ihren Wert für unsere Gesundheit und sie zeigt mit ihrer Wildkräuterküche, welche Köstlichkeiten die Natur für uns bereitstellt. Auch in ihren Büchern der Reihe „Zaubern mit Kräutern" (Eigenverlag) und „Wildkräuter aus Topf und Garten" (Verlag Eugen Ulmer) gibt sie ihr umfangreiches Wissen weiter.

www.armbruster-berghaupten.de

Bernadette Bächle-Helde ist Kinderkrankenschwester, Fachfrau für Wickel und Heilpflanzen, Pflegepädagogin und Pflegewissenschaftlerin, zudem Dozentin für naturheilkundliche Gesundheitsthemen. Gemeinsam mit Ursel Bühring schrieb sie die zwei sehr erfolgreichen Bücher „Heilsame Wickel und Auflagen“ und „Heilkraft von Obst und Gemüse“. Sie ist mit einem Bio-Winzer verheiratet und stellt im Familienbetrieb am Kaiserstuhl eigene Kräutertee-Mischungen her. Zudem ist Bernadette Bächle-Helde experimentierfreudige Bauerngärtnerin zur Selbstversorgung mit Obst und Gemüse und sammelt leidenschaftlich gerne Kräuter für Tee und Kulinarisches.

www.wein-helde.de

Rosa Maria Beham ist Heilpraktikerin und Dozentin mit Schwerpunkt Phytotherapie. Seit fast 20 Jahren lebt und arbeitet sie im Schwarzwald. Sie liebt die Natur mit ihren Pflanzen und gibt ihr Wissen mit viel Liebe an interessierte Menschen weiter, die mehr über unsere heimischen Heilpflanzen erfahren möchten. Rosa Maria Beham weiß, dass man viel mit Heilpflanzen für die Gesundheit tun kann. Aber man muss die Pflanzen gut kennen und wissen, wie sie genutzt werden können – für Hausapotheke und Küche, Kosmetik und Entspannung. Sie findet es wichtig altes Wissen zu erhalten und wieder in das Bewusstsein der Menschen zu bringen.

www.rosis-kräuterwelt.de

Christiane Denzel ist gelernte Gärtnerin, Heilpraktikerin, Kräuterpädagogin und Autorin. In Liptingen leitet sie die Bioland ® Gemüse-Gärtnerei „Breite Wies“ mit einem Naturkostladen. Kunden finden in ihrem Bio-Vollsortiment frisches, saisonales Obst und Gemüse und vieles mehr. Gerne und mit viel Freude gibt Christiane Denzel ihr vielfältiges Wissen in Wildkräuterführungen, Vorträgen über Wildinsekten, zu Ernährung, zu biologischem Gemüseanbau oder zu naturnaher Gartengestaltung weiter. Diverse Programme wie z. B. Räucherabende oder Puppentheater für Kinder runden das vielfältige Angebot ab.

www.breitewies.de

Christa Doll ist Sozialpädagogin, Yoga-Lehrerin und Dozentin in der Erwachsenenbildung. Aufgewachsen in einem kleinen Dorf, ist sie eng mit der Natur verbunden. Schon seit ihrem Studium beschäftigt sie sich mit der Vollwertküche, mit altem Handwerk, Bioanbau und der Pflanzenfärberei. Besonders gerne und kreativ arbeitet Christa Doll mit Textil und Papier. Ihr Lebensstil ist vom „Selbermachen“ geprägt. Sie gärtnert, kocht und werkelt leidenschaftlich und verwendet in ihrer Vollwert- und Kräuterküche, was die Natur und der Kühlschrank gerade hergeben. Je nach Jahreszeit ist und war die Natur mit ihren heimischen Wildpflanzen für Christa Doll eine Quelle der Inspiration. Als Sozialpädagogin mit künstlerischen Zusatzausbildungen arbeitet sie pädagogisch und therapeutisch im Bereich Gesundheitsprävention mit Kindern, Jugendlichen und Senioren. Als Yoga-Lehrerin ist ihr die „Erdung" ein großes Anliegen und es ist ihr wichtig, Traditionen und Werte zur Erhaltung der Schöpfung zukünftigen Generationen weiterzugeben.

www.fam-doll.de

Roswitha Ette ist leidenschaftliche Bauerngärtnerin und Kräuterfachfrau. In ihrem inzwischen 15 Ar großen, ländlichen Nutzgarten in Wagenstadt-Herbolzheim zieht sie Gemüse und Kräuter für die Selbstversorgung und den Marktverkauf. Viel Erfahrung konnte sie im Anbau von verschiedenen, vor allem auch alten Gemüsesorten sammeln. Hochwertige Tee-, Wild- und Heilkräuter stellen einen Schwerpunkt ihres Gartens dar. Einen großen Teil produziert sie für die Vermarktung über die Kräutermanufaktur Baden e.V. Hierbei ist ihr der Biologische Anbau sehr wichtig. Besonderheiten ihres Gartens sind die Erdmieten, die als Winterlager für Gemüse, Solartrockner, Hoch- und Hügelbeete dienen. Gerne kann ihr Garten bei Führungen besichtigt werden.

www.ettes-garten.de

Monika Fischer ist Wildkräuter- und Heilpflanzenpädagogin sowie Seifensiederin. Seit ihrer Kindheit war sie schon immer mit der Natur und alten Kräuterbräuchen eng verbunden. Als sie mit dem Seifensieden begann, belegte sie Kurse, um die richtigen Düfte für ihre Seifen zu mischen. Es begann eine intensive Auseinandersetzung mit Duftpflanzen, ätherischen Ölen und Kräutern. Heute gibt sie ihr Wissen über Kräuter und Seifen in

Vorträgen, Kräuterführungen, Kräuterkochkursen und Workshops mit Begeisterung weiter. Es ist ihr ein großes Anliegen mitzuhelfen, altes Kräuterwissen und alte Kräuterbräuche zu erhalten.

www.kraeuter-seifen-ortenau.de

Melanie Göppert lebt und arbeitet seit über 25 Jahren auf einem der wunderschönen Höfe im Schwarzwald mit ihrem Mann und ihren vier Kindern. Das Leben in und mit der Natur hat ihr gezeigt, wie wertvoll die Natur ist und wie viel wir von ihr lernen können. Das hat sie inspiriert. Sie hat Rezepte entwickelt für Naturseifen, Kosmetik aus Küche und Garten und Reinigungsmittel aus der Natur. Und das alles ohne synthetische Inhaltsstoffe und Verpackungsmüll. Dieses Wissen gibt sie in den unterschiedlichsten Kursen schon seit Jahren deutschlandweit weiter.

www.fixenbauernhof-schuttertal.de

Michaela Hagen ist Pharmazeutisch-technische Assistentin und arbeitet in einem Reformhaus. Mit der Ausbildung zur Kräuterpädagogin und der Fortbildung „Gesundheit aus dem Bauerngarten" hat sie ihr Wissen vertieft. In Neuhausen ob Eck betreibt sie ein Kräuterstüble, das durch IMF gefördert wurde. Dort stellt sie Wildkräuterprodukte wie z. B. Kräutersalz, Blütenzucker, Aufstriche, Kräuteressige und vieles mehr zum Verkauf her. Gerne gibt Michaela Hagen in Führungen und Seminaren ihr Wissen weiter.

Sibylla Jauch arbeitete über 30 Jahre als medizinische Fachangestellte, Krankenschwester und Ayurveda-Therapeutin. Die Ausbildung zur Kräuterpädagogin ergänzte ihr Wissen über heimische Kräuter. In ihrem großen Garten hat sie viel Freude und lässt gerne große Flächen mit ihrer Lieblingspflanze Brennnessel stehen. Diese sind nicht nur ein Paradies für Schmetterlinge, sondern sehr pflegeleicht und lecker. Sybille Jauch verarbeitet sie in Quiches, als Gemüse, in Suppen oder Gnocchi.

Barbara Kienzler ist Meisterin der ländlichen Hauswirtschaft und Konditorin. Kochen mit Kräutern und Blumen ist ihre Leidenschaft. In ihrem Hausgarten in Schonach im Schwarzwald zieht sie vor allem Blumen und Kräuter als Dekoration für ihre Kuchen, Torten und Pralinen. Sie legt besondern Wert auf Saisonalität und heimische Produkte, die sie in ihren leckeren Spezialitäten verarbeitet. Diese kann man in ihrem Ladengeschäft mit Stehcafé genießen oder erwerben. „Direkt aus der Natur, frisch, köstlich, pur" ist Barbara Kienzlers Motto.

Ilse Link ist Kräuterpädagogin und Heilpflanzenexpertin. Bereits in ihrer Kindheit hat sie mit ihrer kräuterkundigen Oma Heilpflanzen und Wildkräuter gesammelt und bei der Weiterverarbeitung geholfen. Dabei wurde schon früh die Liebe zur Kräuterwelt an sie weitergegeben. Heute hat Ilse Link einen großen Blumen- und Kräutergarten und zieht dort ihre Pflanzen, die sie in ihrer Kräuterwerkstatt verarbeitet. Ihr ist besonders wichtig, dass das alte Kräuterwissen an die folgenden Generationen weitergegeben wird. Dies macht Ilse Link mit Begeisterung in ihren Workshops, die sie in Eberbach am Neckar in ihrem Haus anbietet.

Marianne Prammer ist Postbeamtin und Kräuterpädagogin. Bei Kräuterführungen möchte sie den Teilnehmenden die heimische Natur und Wildkräuter näher bringen. Ihr Hauptaugenmerk liegt dabei auf der Verwendung der Wildkräuter in der Küche. Sie findet es recht einfach, in ihrer Umgebung essbare Wildkräuter zu sammeln und damit den Speiseplan zu bereichern. Marianne Prammer kocht gerne und probiert öfter auch neue Kreationen aus. Ihr Wissen gibt sie in Vorträgen und Seminaren mit Freude weiter.

Petra Rehm-Hug ist Kräuterpädagogin und teilt ihr Wissen über heimische essbare Wildkräuter bei Führungen und in Kochkursen. Seit mehr als 10 Jahren verkauft sie ihre Kräuterspezialitäten an Feriengäste auf ihrem Hof in Horben bei Freiburg und auf Märkten. Außerdem hat sie zusammen mit der Naturkosmetikerin Marina Westermann das Buch „Haltbare Kräuterprodukte" geschrieben, das im Ulmer Verlag erschienen ist.

www.wildundregional.de

Karin Rotzler ist Kunstlehrerin, Kräuterexpertin, Krankenschwester und Dozentin. Derzeit ist sie als Kunst- und Werklehrerin an einer Fachschule für Sozialpädagogik tätig. Ihre Schwerpunkte sind „Kreatives aus der Natur“ und „Kreatives mit Kräutern“. Der Unterrichtsbereich „Kräuter mit Kindern“ ist ihr ein besonders Anliegen. Seit 20 Jahren sind die Wild- und Gartenkräuter ihre Freunde geworden. Durch eine Fortbildung über Pflanzenhydrolate hat sich ihre Begeisterung für ätherische Öle und ihr Interesse an Pflanzenwässern noch verstärkt. In Karin Rotzlers großem Garten wachsen viele Pflanzen, von denen garantiert immer eines im Essen landet. Rosen und Melisse sind ihre Liebsten, denn sie verwöhnen mit ihren ätherischen Ölen unsere Sinne. So möchte Karin Rotzler zusammen mit ihrem Mann, der als Heiler arbeitet, immer tiefer in die Welt der Pflanzen eintauchen und das Wesen der Heilpflanzen aufspüren. Das praktische Tun und das Essen stehen bei ihren Wildkräuterführungen und Kursen, die sie auch auf ihrem Anwesen in Biederbach anbietet, im Vordergrund.

www.kräuterwerkstatt-biederbach.de

Walburga Schillinger ist Bäuerin, Hauswirtschafterin und Kräuterpädagogin und lebt mit ihrer Familie seit fast 30 Jahren in Schiltach. Das Herzstück ihres großen Hofes bildet der historische Bauerngarten, in dem sie Gemüse zur Selbstversorgung aus vorwiegend eigenem Saatgut zieht. Als Vorsitzende des Netzwerks „Bauerngarten- und Wildkräuterland Baden e.V.“ und als Fach- und Buchautorin setzt sie sich für die Weitergabe von traditionellem und modernem Pflanzenwissen ein. Hof und Gärten können zu bestimmten Terminen besichtigt werden.

www.hoefenhof.de

Dr. Julia Teply-Szymanski ist Pflanzen-Molekularbiologin und arbeitet aktuell als Wissenschaftlerin im forstlichen Umfeld, wo sie Fragestellungen des Wald- und Naturschutzes zur Genetik von wichtigen Baum- oder gefährdeten Tierarten bearbeitet. Ihr Interesse liegt dabei in der komplexen Interaktion zwischen den verschiedenen Arten eines Biotops und im Erhalt des ökologischen Gleichgewichts. Auf ihren Spaziergängen durch Wald und Wiese erfreut sie sich am ständig wechselnden Angebot aus dem Pflanzenreich und bringt nicht selten einige schmackhafte Zutaten fürs Abendessen mit nach Hause.

Annette Vandersee ist Natur- und Kräuterpädagogin und Schwarzwaldguide. Mit ihrer Familie lebt sie in einem ehemaligen Forsthaus mitten im Wald. Rehe und Wildschweine besuchen oft ihre Kräuterwiese und die wunderbare Natur um sie herum regte sie an, sich zu den Themen Natur und Kräuter weiterzubilden. Heute bietet sie Kräuterkurse und Naturerlebnisführungen an. Sie liebt es mit Ihren Teilnehmern am Lagerfeuer zu kochen und zu backen und überrascht diese immer wieder mit neuen Rezepten wie Spitzwegerichkuchen oder Rosenblütengebäck. Zurzeit haben es ihr die Tannennadeln angetan und so entstehen wieder neue Kreationen.

www.wiesenmobil.de

Rita Vitt ist Brennerin und Aromenfängerin. Sie hat das Buch „Blüten- und Kräuterliköre" beim Ulmer Verlag geschrieben und versucht die Aromen der Natur in ihren Bränden und Likören einzufangen. Bei Ursel Bühring absolvierte sie einen Kurs zur Gesundheitsbäuerin und bewirtschaftet einen großen Bauerngarten mit Kräutern, Gemüse, Beeren und Obst. Mit der Ausbildung zur Gartengästeführerin erweiterte sie ihr Gartenwissen, um dieses bei Führungen durch ihren Garten weitergeben zu können.

www.brennerei-vitt.de

Marina Westermann befasste sich, ausgehend von ihrer Vorliebe für genussvolles Essen und die Aromaschätze der Natur, schon lange mit den verschiedensten Kräutern. Die Heilkraft der Pflanzen, die schon seit Generationen genutzt wird, fasziniert sie. Um in die Welt der Kräuter weiter einzudringen, absolvierte sie die Ausbildung zur Heilpflanzenexpertin und zur Kräuterpädagogin. Für die ausgebildete Kosmetikerin waren die Inhaltsstoffe und deren Wirkungsweise auf die Haut von besonderem Interesse. Als Autorin schreibt sie über „Natürliche Hautpflege" und wie diese Produkte einfach hergestellt werden können. Zusammen mit Petra Rehm-Hug hat sie das Buch „Haltbare Kräuterprodukte" geschrieben, das im Ulmer-Verlag erschien. Marina Westermann bietet in Bischweier naturkosmetische Wohlfühlbehandlungen an und gibt ihr umfangreiches Wissen über Heil- und (Un-)kräuer in Vorträgen, Workshops und Führungen weiter.

www.natur-wohlfuehlzeit.de

IMPRESSUM

Bildquellen

Alle Fotos und das Titelfoto stammen von Anna-Lena Holm (www.annalenaholm.com). Die Porträtfotos auf den Seiten 152–158 wurden von den Kräuterfrauen zur Verfügung gestellt.
Alle Icons sind von Antje Warnecke (nordendesign.de) entwickelt worden.

Die in diesem Buch enthaltenen Empfehlungen und Angaben sind von der Autorin mit größter Sorgfalt zusammengestellt und geprüft worden. Eine Garantie für die Richtigkeit der Angaben kann aber nicht gegeben werden. Autorin und Verlag übernehmen keine Haftung für Schäden und Unfälle. Bitte setzen Sie bei der Anwendung der in diesem Buch enthaltenen Empfehlungen Ihr persönliches Urteilsvermögen ein. Der Verlag Eugen Ulmer ist nicht verantwortlich für die Inhalte der im Buch genannten Websites.

Bibliografische Information der Deutschen Nationalbibliothek
Die Deutsche Nationalbibliothek verzeichnet diese Publikation in der Deutschen Nationalbibliografie; detaillierte bibliografische Daten sind im Internet über http://dnb.d-nb.de abrufbar.

Das Werk einschließlich aller seiner Teile ist urheberrechtlich geschützt. Jede Verwertung außerhalb der engen Grenzen des Urheberrechtsgesetzes ist ohne Zustimmung des Verlages unzulässig und strafbar. Das gilt insbesondere für Vervielfältigungen, Übersetzungen, Mikroverfilmungen und die Einspeicherung und Verarbeitung in elektronischen Systemen.

© 2020 Eugen Ulmer KG
Wollgrasweg 41, 70599 Stuttgart (Hohenheim)
E-Mail: info@ulmer.de
Internet: www.ulmer.de
Lektorat: Lisa Seibel, Christine Hutschenreuther, Sabine Drobik
Herstellung: Stephanie Haun
Umschlag-Gestaltung: Dittus Design, Esslingen
Satz: Verlag Eugen Ulmer
Reproduktion: timeRay Visualisierungen, Jettingen
Druck und Bindung: Neografia, Slowakei
Printed in Slovakia

MIX
Papier aus verantwortungsvollen Quellen
FSC® C020353

ISBN 978-3-8186-0920-7

Bauerngarten- und Wildkräuterland Baden e.V.

kraeuter-regio.de

*Das Netzwerk **Bauerngarten- und Wildkräuterland Baden e.V.** ist ein Zusammenschluss von Kräuterpädagogen, Bauerngärtnerinnen, Phytotherapeuten, Naturpädagogen, Natur- und Gästeführern sowie weiteren Natur- und Pflanzeninteressierten.*
In dem 2009 gegründeten Verein fließen altes und neues Pflanzenwissen, jahrelange Erfahrungen und vielseitige Fachkompetenz zu einem großen Wissensfundus zusammen.

Der Verein und seine Mitglieder bieten an:

- Wildkräuterexkursionen
- Heilpflanzenseminare
- Fachvorträge
- Mehrtägige Kräuter- und Gartenkurse
- Organisation von Bauerngarten-Exkursionen für Gruppen und Vereine
- Kräuter- und Teegenüsse besonderer Art und Qualität

Besondere Veranstaltungen:

- Tag des offenen Bauerngartens im Juli der geraden Jahre
- Vertretung auf Naturpark-Märkten
- Badischer Kräutertag im Naturpark im Frühsommer der ungeraden Jahre

Informationen unter **www.kraeuter-regio.de**